Privilegiados e Incompetentes:

El Manifiesto

Giovi

Nota del Autor

Este libro es para quienes aún llegan con integridad a su trabajo cada mañana. Para las voces brillantes sepultadas bajo la burocracia. Para las almas empequeñecidas por sistemas que premian la arrogancia por sobre la esencia..

Aún hay esperanza. Siempre la ha habido. Pero solo si somos capaces de nombrar lo que está roto y nos negamos a seguir las reglas de un juego que también lo está.

Este libro está dedicado a mis colegas y amigos que han compartido conmigo estos tiempos tumultuosos, y a mi querida familia, que ha sido mi fuente de esperanza y mi impulso para perseverar; quienes me han brindado amor, comprensión y apoyo cuando más lo necesitaba.

©2026 Giovi
AllTodos los derechos reservados.

Traducción al Espanol por Artiza
Edited by Leslie Wilson
Cover Page Art by Susie Williams
Typesetting by Barış Şehri
Set in 12/14,75pt Adobe Garamond Pro

Table of Contents

Prólogo

C omencé a escribir este libro mucho antes de poner una sola palabra en el papel, hace más de veinte años, cuando entré por primera vez al mundo corporativo a través de las puertas de una gran multinacional del sector tecnológico. No planeaba escribirlo. Todo empezó como una observación, así que esperé. Viví. Le di al sistema el beneficio de la duda. Creí que, con el tiempo, se corregiría a sí mismo. Que el mérito se impondría a las maniobras. Que la competencia superaría al carisma. Que, silenciosa pero inevitablemente, quienes sabían construir terminarían por elevarse por encima de quienes solo sabían vender una imagen. Creí que el imperio de la política corporativa colapsaría bajo el peso de su propia absurdidad.

Pero nada de eso ocurrio. Vi demasiados puestos de liderazgo entregados no a los más brillantes, sino a los disponibles, a los aceptables, a los bien conectados. Vi empresas olvidar su propósito, devoradas por luchas territoriales disfrazadas de estrategia. La visión fue reemplazada por la vanidad. La integridad fue desplazada por la apariencia. Las reuniones se volvieron teatro. Las promociones, transacciones. Y lo peor de todo: los trabajadores honestos y silenciosos, los verdaderamente capaces, comenzaron a desaparecer. Algunos se fueron. Otros se quedaron, pero ya no como ellos mismos.

Hay una tristeza profunda, un dolor impotente, al ver cómo algo que te importa se deteriora desde dentro. Aun así, escribo esto no para desesperar, sino para recordar. Para sostener un espejo frente a la locura. Para decir: vemos lo que está pasando. Lo sentimos en los huesos. Y no estamos solos.

El trabajo siempre ha sido, y seguirá siendo, una de las partes más definitorias de nuestras vidas. Para muchos, es una fuente de propósito y estabilidad: el motor que da sentido a la vida y la base que ofrece la seguridad necesaria para perseguir sueños personales. Ya sea formar una familia, explorar el mundo, conocer nuevas culturas o construir riqueza a largo plazo, el trabajo es la palanca que lo hace posible.

Pero el trabajo no llega sin costo.

Más a menudo de lo que quisiéramos, viene acompañado de barreras: algunas visibles, muchas ocultas. Estos desafíos pueden drenar mucho más que tu energía. Pueden erosionar tu motivación, tu sentido de valor propio y tu creencia en un futuro mejor. Y cuando ese desgaste se acumula, no se queda en la oficina ni en tu computadora. Te sigue a casa. Se filtra en tus relaciones. Proyecta sombras sobre tus espacios más personales.

Durante mucho tiempo guardé silencio. Pero el silencio, aprendí, también tiene un costo. Y con el tiempo, ese costo se volvió insoportable para mí. Lo que finalmente me quebró no fue una sola traición ni un proyecto fallido; fue darme cuenta de que el deterioro no era una excepción. Era el sistema. Que lo que estábamos viviendo no era una mala racha pasajera, sino una erosión cultural disfrazada de normalidad.

Así que comencé a escribir, no desde la amargura, sino desde la necesidad. Para decir lo que a demasiados se les ha pedido tragar en silencio. Para nombrar lo que está roto.

LA VERDAD ES ESTA: gran parte de nuestro liderazgo no está preparado para liderar. En lugar de valentía, recurren al control. En lugar de visión, utilizan el tiempo y la política como armas, herramientas diseñadas no para el progreso, sino para la supervivencia. Estos líderes mal preparados construyen estrategias no para resolver problemas, sino para resistirlos hasta que desaparezcan. Hasta que cada buen empleado se haya agotado, rendido o marchado. Y en algunos casos, para entonces, ya no queda empresa que salvar.

Después de más de dos décadas inmerso en la transformación digital , desde la evolución de las bases de datos procedimentales a las relacionales, de los sistemas monolíticos a los clústeres distribuidos, y de la computación aislada a las estrategias de comunicaciones móviles e inteligencia artificial, he tenido el raro privilegio de presenciar, vivir y adaptarme a los cambios tectónicos que han moldeado el panorama tecnológico. Mi recorrido me ha llevado a través de continentes y culturas, desde América Latina hasta Europa, de México a India, de Brasil a Estados Unidos. Cada etapa añadió una nueva perspectiva sobre cómo distintas regiones, industrias y estilos de liderazgo enfrentan las exigencias de la modernización.

Al llegar al sector financiero en Estados Unidos, comencé a conectar los puntos. Comprendí que, pese a las diferencias geográficas o al grado de madurez de los mercados, un patrón inquietante se repite en todas partes. La mayoría de los fracasos organizacionales en la era digital no se explican por la complejidad de la tecnología en sí, sino por la pobreza del liderazgo que la dirige. Una clase dirigente más preocupada por la apariencia que por los resultados. Líderes que evitan la innovación, resisten la disrupción y se apoyan, en cambio, en maniobras políticas y métricas de corto plazo para asegurar sus posiciones.

Este fracaso no es solo un error táctico; es un colapso estratégico. Al priorizar los retornos para los accionistas por sobre la inversión genuina en investigación y desarrollo, el cultivo del talento y la construcción de culturas resilientes y adaptativas, estos ejecutivos están hipotecando activamente el futuro de sus industrias.

El daño se agrava por su enredo en las políticas internas, donde la influencia no se utiliza para acelerar el progreso, sino para frenarlo: para retrasar el cambio hasta que sea demasiado tarde o demasiado costoso para que importe.

¿La consecuencia? Una generación de organizaciones que avanzan con lentitud.

Lo que viene exige un tipo distinto de liderazgo: uno arraigado en el coraje, el pensamiento a largo plazo y la claridad moral. Sin un reajuste profundo de valores y prioridades, muchas de las instituciones más reconocidas de hoy no solo tropezarán; desaparecerán. Y con ellas se desvanecerán también la credibilidad y la influencia que alguna vez tuvieron para moldear la economía global.

Introducción

Demasiados ejecutivos hoy miden su éxito no por la resiliencia de sus instituciones, sino por la preservación de sus propios cargos. Hablan de innovación mientras la sofocan. Premian la lealtad, no el aprendizaje. Persiguen resultados trimestrales mientras comprometen el futuro de la organización y en el proceso dejan tras de sí culturas cínicas, frágiles y lentas.

Las consecuencias de esta desalineación ya están aquí. Organizaciones que alguna vez definieron sus sectores hoy tropiezan hacia la obsolescencia. Los clientes se alejan. El talento se agota. La confianza, que alguna vez fue una fortaleza silenciosa, comienza a resquebrajarse bajo el peso del teatro del rendimiento.

Lo que viene no va a esperar. El futuro exige algo más que retórica pulida o proyectos piloto a medias. Exige líderes dispuestos a sentirse incómodos. A equivocarse. A crecer. A poner la misión por encima del ego y la sustancia por encima de la apariencia.

Sin una recalibración radical de cómo definimos y recompensamos el liderazgo, muchas de las instituciones más poderosas de hoy no sobrevivirán esta década.

No porque carezcan de dinero o participación de mercado, sino porque han perdido su alma.

Este Manifiesto es para quienes se niegan a mirar hacia otro lado. Para quienes siguen intentando, siguen construyendo, siguen esperando. Para quienes creen que la transformación aún es posible, si dejamos de mentirnos sobre lo que realmente se interpone en el camino.

Los Peligros del Juego politico

A esta inercia se suma una tendencia preocupante: la politización de la toma de decisiones. Cada vez más, gerentes y ejecutivos corporativos entrelazan su gestión con agendas políticas personales, utilizando su influencia para moldear procesos y procedimientos que priorizan sus propios intereses y su comodidad por encima de la innovación, la equidad, la cultura organizacional y la responsabilidad ambiental.

Un problema generalizado dentro de muchas organizaciones es la práctica insidiosa de las maniobras políticas internas. Con frecuencia, los directivos priorizan el beneficio personal y la preservación del statu quo por encima de la toma de decisiones estratégicas y de la salud organizacional a largo plazo. Este enredo político puede generar una serie de consecuencias negativas, entre ellas:

Estancamiento e inercia: Las luchas políticas internas pueden sofocar la innovación y el progreso. Los directivos pueden priorizar la preservación de su base de poder por encima de asumir riesgos o cuestionar el statu quo.

Toma de decisiones disfuncional: Las decisiones a menudo se toman en función de consideraciones políticas más que de mérito, lo que conduce a resultados subóptimos.

Erosión de la confianza y la moral: Un entorno político tóxico puede deteriorar la confianza entre los empleados, reduciendo la moral, la productividad y la retención del talento.

Compromisos éticos: En su búsqueda de poder, algunos directivos pueden recurrir a tácticas poco éticas, como apuñalar por la espalda, difundir rumores o buscar chivos expiatorios.

En muchas industrias, la influencia de la política corporativa es especialmente marcada. Por ejemplo, en el sector tecnológico, los ejecutivos pueden priorizar ganancias de corto plazo, como el aumento del precio de las acciones, por encima de inversiones a largo plazo en investigación y desarrollo. Esto puede provocar una caída en la innovación y una pérdida de ventaja competitiva.

De manera similar, en la industria de la salud, las maniobras políticas pueden obstaculizar los esfuerzos por mejorar la atención a los pacientes y reducir costos. Por ejemplo, algunas compañías farmacéuticas pueden presionar por políticas que protejan sus ganancias, incluso cuando esas políticas terminan perjudicando a los pacientes

Consecuencias para la fuerza laboral y la sociedad

Las repercusiones de estos fracasos son profundas y de gran alcance. A nivel de la fuerza laboral, los empleados sufren bajo liderazgos estancados que no logran proporcionarles las herramientas ni la formación necesarias para prosperar en un entorno tecnológico en constante cambio. En lugar de fomentar una cultura de experimentación y aprendizaje, muchas corporaciones recortan presupuestos destinados al desarrollo de empleados y a la innovación, priorizando métricas de rentabilidad a corto plazo. El resultado es una generación de trabajadores poco preparada para los empleos del mañana.

A nivel social, la resistencia a adaptarse a tendencias tecnológicas como la inteligencia artificial, las tecnologías verdes y la transformación digital profundiza la desigualdad y erosiona la confianza de los consumidores. Estados Unidos, por ejemplo, corre el riesgo de quedarse atrás frente a competidores globales como China y la Unión Europea. Aunque históricamente ha sido una cuna de innovación, otras regiones están avanzando más rápido en la adopción de nuevas tecnologías y en su integración dentro de culturas organizacionales reales y coherentes. Además, están acelerando la innovación mediante iniciativas coordinadas entre el sector público y el privado, así como con marcos regulatorios visionarios, mientras que muchas instituciones estadounidenses siguen limitadas por la inercia, el cortoplacismo y una gobernanza fragmentada.

Capítulo 1: El espejismo de la transformación digital

La ilusión del progreso

Nunca olvidaré el primer slide.

Se había convocado una reunión de todo el equipo y cincuenta y cuatro de nosotros estábamos apretados en una sala de conferencias diseñada para cuarenta. Éramos ingenieros, analistas y gerentes de proyecto, veteranos del mundo tecnológico; muchos con más de una década de experiencia construyendo sistemas complejos, resolviendo problemas reales y entregando resultados tangibles. Nos dijeron que esta reunión era especial. Serviría como punto de partida para una nueva iniciativa de transformación digital que modernizaría nuestras operaciones, redefiniría nuestro propósito y nos posicionaría para el futuro. O al menos eso esperábamos.

El proyector se encendió y apareció primer slide.

"Bienvenidos a Fisher University".

Debajo de esa diapositiva de título, centrada y brillando con un orgullo corporativo fuera de lugar, aparecía una foto pixelada de nuestra vicepresidenta, Karen Fisher, durante sus años universitarios: hombreras, cabello voluminoso y una imagen granulada más propia de un recuerdo nostálgico en redes sociales que de una presentación profesional.

El silencio que llenó la sala no era de respetuosa expectativa; era de cauteloso escepticismo. Recuerdo con claridad las miradas de reojo entre colegas, los suspiros discretos y las sonrisas apenas contenidas. Habíamos visto presentaciones decepcionantes antes, pero había algo en esta que resultaba especialmente inquietante.

Nuestra vicepresidenta se colocó orgullosa junto a la pantalla, sonriendo como si estuviera recibiendo un premio a la trayectoria, en lugar de iniciar una iniciativa de gran alcance. Sus primeras palabras fueron seguras y ensayadas: "Soy una especialista, no una generalista". La frase quedó suspendida en el aire. Pretendía impresionar, pero para quien escuchara con atención revelaba vacío. Porque lo que siguió no fue una visión ni una estrategia; ni siquiera fue un reconocimiento de nuestros verdaderos desafíos. Fue una confesión descarada, pronunciada sin vacilación ni humildad, de que no entendía los mecanismos técnicos ni de negocio del producto central de nuestra industria: las transacciones digitales financieras.

Más sorprendente aún fue que su declaración sonó como si tampoco considerara necesario entenderlos. Su autoridad, explicó con orgullo, no provenía de la experiencia, del conocimiento técnico ni de una visión clara. Provenía de su nivel salarial: una posición alcanzada no por innovación ni por resultados comprobados, sino por quince años navegando la política corporativa, sobreviviendo al sistema y cultivando relaciones con los ejecutivos correctos.

Y entonces lo dijo sin rodeos, aquello que la mayoría solo susurraba con cautela en los pasillos o en conversaciones privadas. El ochenta por ciento de su discurso giró en torno a un solo mensaje: las carreras dentro de la empresa no se construían resolviendo problemas ni entregando resultados, sino asegurando el patrocinio de ejecutivos senior. Ese, proclamó, era el verdadero currículo de Fisher University. Aquí, el éxito dependía de la cercanía al poder, de dominar las relaciones internas más que de gestionar caídas de producción o ejecutar migraciones críticas.

En ese instante, cualquier frágil esperanza que hubiéramos albergado de que esta iniciativa pudiera generar una transformación real se derrumbó. El mensaje era dolorosamente claro: esto no era transformación. Era actuación. No se nos pedía innovar. Se nos pedía demostrar lealtad.

Y lo hicimos. Siguieron aplausos educados, salpicados de cumplidos obligatorios, de esos que no nacen de la sinceridad sino de la prudencia. Cada uno de nosotros tenía algo que proteger. Teníamos hipotecas, visas de inmigración y familias que dependían del próximo sueldo. Guardar silencio era una forma de protección cuando la alternativa era arriesgar represalias o, peor aún, ser etiquetado como "difícil" o "no un buen team player".

Sin embargo, mientras miraba alrededor, sentí una tristeza más profunda que la simple decepción. No era la absurdidad de la presentación de la vicepresidenta —muchos de nosotros habíamos soportado cosas peores—. Era la silenciosa dignidad de las personas en esa sala lo que más me golpeó: más de cincuenta almas, cada una cargando historias de largas noches, plazos imposibles, segundas oportunidades y sueños de primera generación. Ingenieros que se reinventaron en tierras extranjeras; analistas que estudiaban hasta tarde, cuando sus hijos ya dormían; arquitectos de sistemas que construyeron su experiencia ladrillo a ladrillo, en lugar de recibirla por herencia o en almuerzos con ejecutivos.

No eran solo empleados. Eran guerreros silenciosos, viviendo lejos de hogares que aún extrañaban profundamente, hablando con fluidez en un segundo idioma, aunque nunca sin esfuerzo, trabajando el doble para demostrar que pertenecían. Y, sin embargo, allí estábamos, aplaudiendo a alguien cuya trayectoria había sido impulsada más por una corriente de privilegio que por habilidades ganadas.

Aplaudíamos no por respeto, sino por miedo: miedo a la represalia sutil que sigue incluso al desacuerdo más leve, miedo a perder el frágil equilibrio que mantenía estable nuestro mundo personal. Bajo los aplausos, hervía el resentimiento. No era envidia, sino resentimiento nacido de la injusticia. Estábamos viendo cómo algo sagrado —la habilidad, la ambición, el sacrificio— era devaluado por alguien cuyo único riesgo real había sido elegir a las personas correctas en la cena adecuada.

Momentos como estos no solo desmoralizan; te vacían por dentro. Te hacen cuestionar si tu talento, tu esfuerzo y tu integridad realmente importan en un lugar donde el poder se hereda en lugar de ganarse.

Porque da igual cuántas herramientas se introduzcan, cuántos marcos de trabajo se adopten o cuánto lenguaje moderno se despliegue en las diapositivas de PowerPoint: la transformación es imposible si el liderazgo se coloca a sí mismo por encima de la misión. Una cultura que recompensa la lealtad por encima de la capacidad solo viste la disfunción con ropas elegantes.

Síntomas del fracaso

El lanzamiento de Fisher University no fue algo único; fue simplemente una representación especialmente vívida de un guion que había visto repetirse innumerables veces. Diferentes empresas, distintos líderes, en continentes y culturas diversas, pero todos comparten el mismo patrón: la tecnología tratada como un disfraz, no como un verdadero motor de cambio.

He visto programas multimillonarios colapsar bajo el peso de su propia falta de honestidad. Grandes anuncios seguidos de implementaciones apresuradas. Métodos ágiles proclamados con entusiasmo, solo para revelar los mismos viejos hábitos de waterfall disfrazados de sprints cortos. Migraciones a la nube anunciadas con triunfalismo, pero limitadas a simples lift-and-shift, porque nadie se atreve a cuestionar la arquitectura profunda sin incomodar a los poderosos dueños de sistemas obsoletos. Estrategias de datos promovidas por líderes que apenas pueden interpretar un panel básico sin la ayuda de sus asistentes.

Los síntomas son inconfundibles. Los líderes se obsesionan con métricas, velocidad de entrega y cantidad de funcionalidades, ignorando si esas funciones realmente resuelven problemas, generan valor o forman parte de una visión de largo plazo. Talleres interminables y reuniones generales pretenden involucrar a los empleados, pero las decisiones ya se tomaron a puerta cerrada. Proyectos piloto diseñados para comunicados de prensa nunca escalan, nunca se integran y nunca desafían realmente el statu quo.

Luego llega la rotación, el éxodo silencioso de la gente buena.

No porque no puedan hacer el trabajo, sino porque se niegan a seguir fingiendo que su labor coincide con las grandiosas promesas del liderazgo. Ingenieros que antes hablaban con pasión se repliegan en silencio. Diseñadores que antes tenían la confianza para cuestionar supuestos simplemente asienten, resignados. Equipos capaces de una creatividad extraordinaria se disuelven en confusión y cumplimiento cauteloso. El mensaje se vuelve claro: no presiones demasiado, no cuestiones demasiado, y nunca eclipses al líder equivocado.

Y, aun así, en medio de esta disfunción, los ejecutivos continúan escondiéndose detrás de eslóganes vacíos:

"Estamos todos en esto juntos."

"Esta es tu segunda casa."

"Somos una familia."

He escuchado estas frases una y otra vez de líderes que pasan la mayor parte de su tiempo en reuniones a puerta cerrada, rodeados de subordinados leales que han construido sus carreras diciendo siempre que sí. Estos líderes minimizan resultados alarmantes de encuestas internas, atribuyen la caída de la moral a "problemas de química" y contratan psicólogos corporativos para desviar la atención de sus propios fracasos.

A todos nos han invitado a compartir nuestros sentimientos "honestos" en esas cuidadosamente escenificadas reuniones de retroalimentación, solo para ver cómo las verdades se reinterpretan como negatividad o descontento por personas contratadas no para diagnosticar la disfunción del sistema, sino para medicar sus síntomas y dirigir las conversaciones lejos del liderazgo y hacia las personalidades.

Reales Equipos

Los equipos reales no se construyen con "happy hours" organizados ni con eslóganes sobre "ser una familia". No nacen porque alguien haya decretado que debemos divertirnos. Surgen de algo más profundo, algo que se gana, no se impone. La Confianza.

La confianza —la que transforma a un grupo de colegas en un verdadero equipo— nace de las luchas compartidas. De esas noches en que los plazos se acercaban y alguien se quedaba trabajando hasta tarde sin que nadie se lo pidiera. De la intensidad silenciosa de saber que tu compañero está cubriendo tu punto ciego, no para recibir crédito, sino porque le importa.

Surge también del debate genuino, donde las personas pueden discrepar con honestidad y desafiar ideas con respeto, sin temor a represalias políticas.

Crece en el respeto colectivo, no el que se otorga por un título o por la antigüedad, sino el que se gana con esfuerzo, competencia e integridad.

Se sella en los logros reales, no en los que aparecen en un tablero de métricas, sino en los que se sienten cuando un sistema roto finalmente se reconstruye, cuando lo imposible se vuelve realidad gracias a un equipo que se negó a rendirse.

Y quizá, sobre todo, nace en la recuperación: en el fracaso, en los errores, en los momentos cercanos al colapso. Cuando algo sale mal, nadie busca culpables. Las personas dan un paso al frente, asumen responsabilidad y se apoyan mutuamente. Es ahí donde la confianza se consolida no en la perfección, sino en la reparación.

Lo sé porque lo he vivido.

He formado parte de esos equipos. Equipos que dejan una huella mucho más profunda que un hito de proyecto o una recomendación en LinkedIn. Una especie de hermandad —de hermanos y hermanas— que perdura más allá de los cargos, las empresas e incluso las carreras. Años después, en distintos continentes y en trabajos diferentes, seguimos en contacto. Seguimos apoyándonos. Porque recordamos quiénes éramos cuando estábamos juntos. Y sabemos que, colectivamente, éramos poderosos.

Ningún taller puede replicar eso. Ningún eslogan puede crear un atajo hacia ello. Ese tipo de conexión se gana. Y es el único terreno en el que una verdadera transformación puede echar raíces.

El costo de la comodidad

Es fácil pensar que una mala reunión, un líder desconectado o un proyecto retrasado son errores aislados. Pero no lo son. Son patrones que se repiten una y otra vez hasta convertirse en la cultura de la organización.

He visto organizaciones que alguna vez tuvieron el talento, la tecnología y la ambición para liderar sus industrias marchitarse —no de forma dramática ni pública, sino silenciosamente, peligrosamente— a causa de la comodidad.

La comodidad, ese asesino silencioso de la transformación, nace de ejecutivos que no han tenido que volver a ganarse sus cargos en décadas; de comités de innovación que no producen más que documentos; y de procesos disfrazados de rigurosa supervisión que, en realidad, están diseñados para retrasar decisiones incómodas.

Esta comodidad alimenta el estancamiento. Internamente, la creatividad se frena bajo la fricción burocrática; el riesgo no se gestiona, se evita; y las decisiones se postergan tanto que los mercados avanzan sin nosotros. Externamente, los ejecutivos siguen hablando de disrupción, mientras la empresa se mueve con lentitud, un dinosaurio que pretende ser ágil.

El liderazgo no consiste en tener todas las respuestas ni en ser la persona más inteligente de la sala; consiste en crear las condiciones para que las personas más capaces puedan prosperar. Se trata de proteger el impulso, no los egos. Cuando los líderes fallan, las consecuencias se expanden: las oportunidades desaparecen, los equipos se desconectan y el talento se marcha en silencio.

Así es como muere la transformación: con mil encogimientos de hombros, aplazamientos interminables y líderes que creen que el silencio es más seguro que la honestidad, y que la posición política vale más que la acción significativa.

Este espejismo, seductor pero vacío, es especialmente visible en el mundo corporativo. Detrás de elegantes presentaciones a inversionistas, informes brillantes y publicaciones autocomplacientes en LinkedIn, se esconde una realidad incómoda: proyectos costosos abandonados, tecnologías llamativas retiradas en silencio y sistemas internos sostenidos a base de soluciones improvisadas y de ingenieros exhaustos.

Solo al enfrentar estas verdades con honestidad, más allá de las palabras de moda y los titulares, puede ocurrir una transformación genuina. Hasta entonces, seguiremos persiguiendo ilusiones, desperdiciando talento y traicionando a quienes creen que su trabajo podría tener un verdadero significado. Es un costo que no podemos permitirnos pagar.

Capítulo 2: Liderazgo no apto para la era digital

El ascenso del líder Sobreprivilegiado

Hay un tipo particular de silencio que llena una sala cuando alguien es ascendido y todos saben que no se lo ha ganado.

No es el silencio que acompaña a la excelencia, ni el que sigue a un logro admirable. Es otro tipo de silencio. Un silencio que cala hondo, lleno de resignación e incredulidad, y que confirma lo que muchos empleados sospechan, aunque preferirían no admitir: que el esfuerzo, por sí solo, nunca basta. He sentido ese silencio más veces de las que quisiera recordar.

Un líder da un paso al frente: alguien que nunca ha gestionado una crisis, nunca ha lanzado un producto significativo, nunca ha navegado una complejidad real con elegancia. Y aun así, allí está, sonriendo con la tranquila seguridad de alguien que nunca ha tenido que dudar de su propio ascenso. No fue elegido por su valentía ni por su claridad, sino porque ha permanecido el tiempo suficiente en las salas correctas. Sabe cómo encantar en las cenas, cómo asentir en el momento adecuado y cómo hacerse recordar sin tener que arriesgar demasiado.

Estos no son líderes en el sentido tradicional. Son pasajeros en una cinta transportadora corporativa, ascendiendo no por logros, sino por comodidad. Son expertos en apariencia y proximidad, no en innovación ni en responsabilidad. Han perfeccionado el arte de ser visibles sin ser vulnerables, de desviar la rendición de cuentas mientras acumulan elogios.

No están aquí para liderar una transformación; están aquí para mantener las condiciones que los mantienen seguros.

Y sí, aunque duela decirlo en voz alta, a menudo también llevan consigo otros privilegios no mencionados: el "acento correcto", el "color correcto", la "universidad correcta", la "fluidez cultural correcta" que hace sentir cómodos a los líderes senior. La organización puede predicar meritocracia y diversidad, pero a puerta cerrada el privilegio sigue funcionando como un pasaporte. Las credenciales pesan de manera distinta según quién las tenga. Un título de la institución adecuada en Boston o Londres será celebrado; el mismo título obtenido en cualquier universidad extranjera será examinado con sospecha. Un acento pulido se elogia como presencia de liderazgo; una cadencia extranjera se señala como algo que necesita "coaching de comunicación".

Este credencialismo no solo es inconsistente; también es profundamente político. Los de dentro, cultivados durante años de amistades estratégicas, pueden avanzar apoyados únicamente en la lealtad. Los de fuera —especialmente inmigrantes, personas de color o quienes se niegan a jugar a la política interna— deben cargar el doble de peso solo para mantenerse en el mismo lugar.

He visto ingenieros capaces de diseñar sistemas brillantes quedar relegados, no por incompetencia, sino porque eran etiquetados como "demasiado técnicos", "demasiado directos" o "no material de liderazgo". No por lo que les faltaba, sino por lo que representaban como amenaza.

Es aquí donde el nepotismo evoluciona hacia algo aún más peligroso: el preservacionismo. En las pequeñas empresas, el nepotismo suele ser evidente; el "niño dorado" del fundador obtiene el puesto. Pero en las grandes corporaciones puede ser mucho más sutil. Los ascensos se justifican a través de relaciones, "encaje cultural" y "confianza". Los roles se diseñan para proteger el poder, no para generar impacto. Los programas de diversidad se reutilizan como un barniz que encubre el status quo, protegiendo a quienes toman decisiones de una verdadera rendición de cuentas.

El liderazgo deja de ser una responsabilidad para guiar y se convierte en una recompensa por lealtad. Y lentamente, la organización empieza a corroerse.

La verdadera transformación exige incomodidad. Requiere líderes dispuestos a escuchar verdades difíciles, a ser cuestionados por personas más inteligentes o más valientes que ellos mismos. Pero cuando el liderazgo se elige por comodidad, la transformación se vuelve imposible.

Entonces las organizaciones caen en una especie de estancamiento: vibrantes por fuera, vacías en su interior. Alejan al talento excepcional, reemplazan la diversidad real por gestos simbólicos y cambian las grandes posibilidades por compromisos seguros.

Entonces, inevitablemente, cuando llega la urgencia —cuando los mercados cambian o surge una crisis— estos líderes no están preparados. Nadie les ha dicho nunca la verdad. Nadie los ha desafiado. Están rodeados de personas entrenadas para estar de acuerdo, no para pensar. Y cuando llega el momento que exige visión, todo lo que pueden ofrecer son eslóganes.

Esta dinámica no es nueva. Laurence J. Peter la describió en 1969 como el "Principio de Peter", según el cual las personas ascienden hasta alcanzar su nivel de incompetencia.[1] Pero en el contexto de la transformación digital, este fenómeno se vuelve catastrófico. Los ascensos se basan en la familiaridad del pasado, no en la preparación para el futuro. Y cuanto más alto ascienden estos líderes, más frágil se vuelve su realidad.

Se aferran a logros pasados como si fueran reliquias familiares, reciclando la misma historia de guerra de 2015, las mismas métricas de un proyecto ya cerrado, como si la relevancia no tuviera fecha de expiración. Dejan de aprender. Dejan de escuchar. El crecimiento primero se vuelve opcional y luego invisible.

La comodidad, que alguna vez fue una recompensa, se convierte en una prisión. La rendición de cuentas se desvanece. La retroalimentación desaparece. Los privilegios permanece hasta el día en que el sistema se quiebra, y los líderes que debían guiarnos a través de la tormenta ni siquiera se dan cuenta de que está lloviendo.

Tecnología vs. juegos de poder

Cuando los esfuerzos de transformación digital se estancan, el chivo expiatorio casi siempre es la tecnología: el proveedor, la plataforma, la calidad de los datos. Son blancos fáciles, lo suficientemente abstractos para culparlos y lo suficientemente complejos para evitar un examen real.

Pero, la mayoría de las veces, el problema real no es técnico. Es político.

He visto soluciones técnicas brillantes ser descartadas porque amenazaban la narrativa de alguien. Propuestas que podrían haber ahorrado millones fueron enterradas silenciosamente porque provenían de la persona equivocada o porque evitaban al comité favorito de turno. Mientras tanto, iniciativas más débiles, pero políticamente seguras, avanzaban, desperdiciando tiempo y recursos mientras protegían egos.

La tecnología debería ser neutral: un amplificador de claridad, una herramienta para crear valor. Pero en muchas organizaciones se convierte en un arma. La innovación pasa a percibirse como una amenaza. Los ingenieros entran en las reuniones con lógica clara y análisis bien elaborados, pero para cuando esas ideas atraviesan el filtro ejecutivo, emergen distorsionadas, suavizadas, retrasadas o eliminadas por completo.

Las hojas de ruta se reescriben sin explicación. Las prioridades cambian sin una razón evidente. Las decisiones se toman a puerta cerrada, no por alineación estratégica, sino por autoprotección. El mensaje para quienes innovan se vuelve escalofriantemente claro: la excelencia es prescindible si incomoda a la persona equivocada. Esto no es transformación.

Es teatro político con una mejor experiencia de usuario.

Cuando la política gana, la innovación pierde. Porque la política valora la seguridad. La tecnología exige verdad. Y ambas cosas se vuelven incompatibles cuando la verdad amenaza al poder.

El costo no se limita a proyectos fallidos o plazos incumplidos.

Está en la moral, en el talento, en la confianza. La gente deja de intentarlo. Los pensadores más audaces se marchan. Las ideas más brillantes nunca ven la luz, se instala una cultura de resignación, donde la ambición se castiga y la cautela se recompensa. Esto no es un sistema roto; es un sistema que toma rehenes. El talento, la innovación y las oportunidades quedan atrapados en una cultura de liderazgo que teme la incomodidad.

Un vistazo más allá del espejismo

Pero hay otra forma.

El verdadero liderazgo en la era digital no consiste en tener la mejor idea en la sala. Consiste en crear una sala donde las mejores ideas puedan surgir y sobrevivir. Significa construir sistemas donde la verdad fluya hacia arriba, no solo el estatus. Donde el disenso sea una forma de cuidado. Donde las credenciales se ganen a través del impacto, no de la apariencia.

Los líderes que prosperan en la transformación no siempre son los más pulidos. Pero sí son los más honestos. Escuchan. Se adaptan. Saben cuándo dar un paso atrás y permitir que otros lideren. Aceptan la complejidad porque entienden que la simplicidad nacida del miedo es mucho más peligrosa que el desorden propio del cambio.

Estos líderes son raros. Pero existen.

Son ellos quienes pueden llevarnos hacia adelante, si les permitimos liderar.

Al avanzar hacia el Capítulo 3, exploraremos qué sucede cuando chocan dos instintos: el instinto de proteger la comodidad y el instinto de enfrentar el cambio. Y por qué, si no aprendemos a aceptar la incomodidad como la materia prima de la transformación, corremos el riesgo de perder no solo nuestra ventaja, sino también nuestra integridad.

Capítulo 3: El teatro de la evasión

Soluciones políticas para problemas tecnológicos

Siempre resulta sorprendente la rapidez con la que una sala de reuniones puede transformarse en un teatro político en el momento en que un problema técnico realmente complejo entra en la conversación. No hablo de esa complejidad pulida y amigable para consultores que encaja perfectamente en una presentación estratégica, sino de la complejidad real: esa hecha de años de sistemas heredados, arquitecturas entrelazadas y acrónimos que parecen susurrar cuánto tiempo llevamos evitando la verdad.

En una institución con la que trabajé, vi a un equipo de liderazgo pasar tres meses debatiendo la diferencia conceptual entre una "billetera móvil" y una "billetera digital". No porque el matiz fuera paralizante, sino porque ningún líder en la sala tenía la fluidez técnica necesaria para tomar una decisión con confianza. Así que hicieron lo que estaban acostumbrados a hacer: refugiarse en el proceso, adoptar posturas defensivas y cubrir la confusión con diapositivas de PowerPoint..

Otro trimestre se perdió en deliberaciones circulares

sobre si adoptar un Token Service Provider (TSP) que es una capa de seguridad fundamental para los pagos digitales. El estancamiento no tenía que ver con el riesgo. Tenía que ver con el miedo. Miedo a equivocarse. Miedo a quedar expuestos. Miedo a ceder el control en un ámbito donde la política ya no podía fingir que lideraba.

Después de una reunión particularmente vacía, un arquitecto me confesó:

"Ya no estábamos diseñando infraestructura. Estábamos diseñando presentaciones."

Aquello no era un fallo en la toma de decisiones; era un colapso del coraje.

Donde la complejidad se encuentra con el ego

El verdadero obstáculo no es la tecnología. Es lo que la complejidad revela: egos frágiles, inseguridad en el liderazgo y la profunda resistencia humana a volver a ser principiante. Muchos ejecutivos que alguna vez ascendieron gracias a agudos instintos operativos ahora se encuentran desorientados en un mundo digital que no comprenden. Y en lugar de aprender, maniobran.

Los comités brotan como maleza. Se contratan consultores no para iluminar, sino para aislar. Las decisiones críticas se retrasan hasta que se vuelven políticamente convenientes en lugar de estratégicamente urgentes.

El impulso es lo primero que se pierde. Pero lo que se marchita con más silencio es la confianza.

Los ingenieros se desconectan. Los arquitectos dejan de

debatir. Los líderes de producto comienzan a inflar los plazos, no por apatía, sino por supervivencia. El tono emocional cambia, la curiosidad se apaga, el optimismo se reduce, y comienza ese lento y silencioso desengaño.

Un desarrollador en un proyecto de core banking en Brasil me dijo una vez:

"Les advertimos que el plazo era demasiado agresivo. Pero nadie quería mover la fecha para los inversionistas. Después de un tiempo, dejé de hablar. ¿Para qué?"

Eso no es desgaste de habilidad. Es desgaste del espíritu. Y una vez que se pierde la creencia —la creencia de que tu liderazgo te ve y te escucha— no se recupera con una reunión general ni con un slide sobre valores.

No hay atajos alrededor de la complejidad. La única forma es atravesarla. Y eso exige un tipo raro de liderazgo: uno dispuesto a habitar la incomodidad, admitir lo que no sabe y construir una verdadera fluidez entre las distintas capas de la organización.

Este capítulo no es una acusación contra la ignorancia. Es un llamado a la humildad. Porque los líderes más peligrosos en la era digital no son los que no entienden la tecnología. Son los que fingen entenderla.

El costo de las agendas desalineadas

Peor que la incompetencia es la desalineación: la distorsión de la energía organizacional hacia las apariencias en lugar de los resultados.

Con demasiada frecuencia, la tecnología se convierte en un accesorio dentro de una obra política. El liderazgo aprueba iniciativas llamativas para señalar progreso: un chatbot aquí, una interfaz elegante allá. Pero bajo la superficie, los sistemas están remendados, frágiles e incoherentes. Esas no son estrategias. Es escenografía.

Y lo que se pierde no es solo presupuesto; también es infraestructura.

Es cohesión. Es ese trabajo duro, muchas veces invisible, que hace que la innovación sea sostenible.

Cuando se disipa el confeti, son los equipos de entrega quienes quedan encargados de remendar las consecuencias, en silencio, mientras el crédito fluye hacia arriba y hacia los lados.

Como lo expresó un ingeniero líder tras el fracaso del lanzamiento de una billetera digital en India:

"Teníamos tres sistemas haciendo el mismo trabajo. Y cuatro líderes reclamando la victoria. Mientras tanto, nosotros apagábamos incendios todos los días."

Esto no es disfunción. Es diseño. La desalineación recompensa la velocidad por encima del sentido común. La visibilidad por encima del valor. La destreza política por encima de la integridad de la ingeniería.

Los tecnólogos pasan de ser socios estratégicos a simples plomeros del sistema: se les convoca tarde, se les culpa cuando algo falla y se les excluye de los cronogramas por los que luego serán responsables. La estrategia se vuelve performativa. El agotamiento se vuelve estructural. Y la transformación se convierte en un chiste que los ingenieros murmuran entre ellos, porque ya han visto esta película antes.

Fracasos globales, variaciones locales

Esto no es un problema regional. Es un patrón global con expresiones locales.

En Estados Unidos, los sistemas de Evolve Bank & Trust colapsaron bajo la presión de una expansión fintech sin control. La brecha no fue solo técnica; también fue cultural. Altos directivos renunciaron no tanto por el fracaso en sí, sino por la falta de coraje e integridad en la forma en que se gestionaron sus consecuencias. [2]

En el Reino Unido, el colapso tecnológico de TSB en 2018 dejó a millones de clientes sin acceso a sus cuentas. Repetidas advertencias fueron ignoradas en la prisa por cumplir un plazo autoimpuesto. Como dijo un insider: "Fue un fracaso de honestidad, no de ingeniería." [3]

En India, el Punjab National Bank perdió cerca de 2.000 millones de dólares, no solo por fraude, sino también por inercia institucional. Sistemas envejecidos, que se evitaba modernizar para no generar conflictos internos, terminaron por romperse. [4]

En Brasil, la actualización del sistema central de un banco digital se puso en producción para satisfacer la narrativa ante inversionistas, no por estar técnicamente lista. El resultado: meses de interrupciones. Los ingenieros habían advertido al liderazgo. "Sabíamos que iba a fallar", dijo uno de ellos. "Solo no sabíamos cuán grave sería." [5]

Los lenguajes y rituales cambian —pulcritud en Nueva York, cortesía en Londres, deferencia en Delhi, carisma en São Paulo— pero el resultado es el mismo: tecnología deformada por el ego, la velocidad y la narrativa

El costo oculto: miedo, fatiga e incredulidad

En el fondo, esto no trata de tecnología. Trata de miedo.
No del miedo al fracaso, sino del miedo a la insuficiencia.
A quedar expuestos. A perder el control en salas donde la certeza es moneda de poder.
Ese miedo se solidifica en política interna. Pero el costo se acumula.
Los proyectos se estancan. Las promesas se desgastan. El talento se desconecta —no porque falte resiliencia— sino porque deja de creer que su esfuerzo será reconocido. Prim-

ero dejan de soñar. Luego dejan de intentarlo.

El rasgo más peligroso en cualquier organización no es la ignorancia; es la evasión. La incapacidad de enfrentar la incomodidad, la contradicción y la complejidad con honestidad.

Y debajo de eso se encuentra la verdadera crisis: una persistente brecha de habilidades en el liderazgo corporativo. Los líderes no entienden cómo funciona la tecnología, pero tampoco saben cómo liderar cuando no la entienden.

Ese es el nuevo examen del liderazgo:

• ¿Puedes sostener la incertidumbre sin convertirla en un arma?

• ¿Puedes absorber la incomodidad sin anestesiarla con jerga corporativa?

• ¿Puedes entrar en una sala donde ya no eres el experto y aun así liderar?

En el Capítulo 4 examinaremos el propio sistema de formación del liderazgo y veremos por qué los rasgos que antes definían a los "altos potenciales" hoy se han convertido en debilidades en un mundo digital. Exploraremos cómo la excelencia operativa y la habilidad política han sido confundidas con preparación para la transformación, y qué significa liderar desde la complejidad en lugar de desde la herencia del pasado. Porque el futuro no necesita líderes perfectos. Necesita líderes honestos.

.

Capítulo 4: La brecha de habilidades en el liderazgo corporativo

Ignorar los nuevos fundamentos

Hay un tipo de confianza que solo existe cuando no se comprende realmente lo que está en juego.

Estábamos inmersos en una revisión crítica de la hoja de ruta de nuestros pagos digitales, una actualización compleja pero esencial que permitiría liquidaciones en tiempo real, nuevas integraciones con billeteras digitales y un seguimiento de cumplimiento mucho más robusto. El camino técnico ya había sido definido. Las dependencias estaban mapeadas. Los riesgos documentados. El equipo que presentaba —diverso, experimentado y extraordinariamente capaz— Llevaban semanas preparándose. Ingenieros, responsables de producto y especialistas en cumplimiento normativo habían trabajado juntos, coordinándose entre distintas zonas horarias, para explicar con claridad la oportunidad: una nueva funcionalidad de pagos que abriría nuevas fuentes de ingresos y, por fin, modernizaría nuestro arcaico sistema de liquidación. Teníamos una hora en la agenda con el patrocinador ejecutivo, un líder senior con una presencia innegable y una carrera construida sobre logros operativos. Pero también alguien que no había programado, diseñado arquitectura ni gestionado un producto tecnológico en años. O eso creíamos.

Diez minutos después de empezar la reunión, quedó claro que no había leído la presentación que le habíamos enviado días antes para que se preparara. Quince minutos más tarde, tras una explicación técnica breve pero clara, hizo una pausa. Asintió. Y luego hizo lo que tantos líderes en corporaciones tradicionales hacen cuando se enfrentan a algo fuera de su zona de confort: sumar a más gente. —"Necesitamos traer a Jeff [de marketing]", dijo.

—"Y creo que Charles [de riesgos] y Amanda [de legal] deberían opinar sobre esta funcionalidad antes de tomar cualquier decisión."

Era un módulo de autorización de pagos. Ya aprobado por riesgos. Ya revisado por legal. No estábamos lanzando un producto nuevo; simplemente íbamos a activar una función. Aun así, insistió.

En ese momento, el juego dejó de tratarse de claridad o consenso. Pasó a tratarse de deferencia, de reforzar quién tenía peso en la sala. No dijo "marketing debería revisarlo" ni "deberíamos alinearnos con legal". Nombró personas.

Porque en estos entornos, la jerarquía no es solo una función; es una representación. Un recordatorio sutil de quién importa y quién no. Para quienes prosperan dentro de ese orden, los nombres son poder. Los títulos son moneda. Y la ambigüedad es armadura.

Este ritual —invocar más nombres, más voces, más visibilidad— se disfraza de rigurosidad. Pero muchas veces es simplemente una táctica de dilación. Una maniobra de poder para asegurar que ninguna decisión ocurra fuera del campo gravitacional de la comodidad de los líderes.

Y para los equipos que hacen el trabajo real, se siente como un golpe en el estómago.

Un gerente de producto me dijo una vez:

"Dejé de prepararme para las reuniones de decisión. En realidad, no eran para decidir. Eran para demostrar quién todavía no había sido incluido."

En lugar de resolver un problema, estábamos resolviendo la asistencia. Intentábamos alinear treinta y cinco calendarios en cinco zonas horarias distintas, todo para volver a discutir un módulo que ya había sido revisado, documentado y aprobado. La reunión terminó no con claridad, sino con doce nuevas tareas, la mayoría relacionadas con reformular cosas en las que ya habíamos acordado. No estábamos avanzando; estábamos fingiendo.

En esos momentos se revelan dos tipos de personas.Los primeros son quienes se han adaptado a la ineficiencia, no porque crean en ella, sino porque han aprendido a jugar con ella. Asienten ante el trabajo inútil. Fingen que esas tareas importan. En el fondo saben que es simplemente un mes de deriva disfrazado de diligencia, tiempo para dejarse llevar bajo la bandera de la "alineación".

Y luego están los otros. Los que todavía creen en el trabajo. Para ellos, estas reuniones no solo desperdician tiempo. Hieren. Porque preocuparse es sufrir. Y hablar implica arriesgarse a ser etiquetado como difícil, impaciente o "no un buen jugador de equipo"

Un ingeniero me susurró después "O te unes al teatro, o te sacan del guion"

Y aun así, incluso aquí, hay quienes se niegan a rendirse. Rebeldes silenciosos que avanzan de maneras pequeñas pero estratégicas. Que mentorean en silencio. Que protegen a sus equipos del caos. Mantienen viva el alma de la organización, incluso cuando su estructura se olvida de ellos.

Cuatro semanas después, el mismo asunto se resolvió en siete minutos. No porque algo hubiera cambiado, sino porque finalmente las personas "correctas" estaban en la sala. La presencia, no la lógica, fue lo que movió la decisión. El mensaje era claro: las decisiones no dependen de la claridad; dependen de la cercanía al poder.

El costo oculto del analfabetismo digital

Esto es lo que ocurre cuando el liderazgo carece de fluidez digital. No solo conocimiento técnico, sino la capacidad de distinguir entre complejidad y excusas. Entre riesgo y miedo. Entre la alineación necesaria y la dilación fabricada. No solo ralentizan los proyectos. Vacían las salas de urgencia. Y con el tiempo, también vacían a las personas de propósito.

La fluidez digital no consiste en saber programar. Consiste en saber cuándo confiar en quienes sí saben hacerlo. Significa comprender cómo se integran los sistemas, cómo se forman las dependencias y cómo el riesgo técnico se acumula cuando se ignora. Es la capacidad de escuchar sin desviar la conversación, de decidir sin dramatizar y de liderar sin colocarse a uno mismo en el centro de cada decisión.

La sobrevaloración de la influencia y las apariencias

Si el analfabetismo digital es el motor del estancamiento, el poder blando es su máscara. La habilidad de hablar con fluidez en "tono ejecutivo" se ha convertido en un sustituto del verdadero entendimiento. ¿El resultado? Las personas que resuelven problemas se vuelven invisibles, mientras que quienes los narran con elegancia se vuelven indispensables.

Esto no significa que el poder blando no tenga lugar. La influencia, la comunicación y la construcción de confianza son esenciales. Pero cuando esas cualidades pesan más que el entendimiento técnico —cuando el carisma reemplaza a la competencia— las organizaciones se vuelven frágiles. La visibilidad se convierte en moneda, y quienes están más cerca de los problemas reales son mantenidos más lejos de la solución..

El progreso como espectáculo: el auge de los "trabajos inútiles" o Bullshit Jobs

En las instituciones tradicionales, el teatro a menudo reemplaza a la transformación. Paneles de control, presentaciones, talleres y gráficos llenos de colores terminan convirtiéndose en un fin en sí mismos. Es coreografía, no cambio. Son los "Bullshit Jobs" de los que hablaba David Graeber: roles creados no por necesidad real, sino para sostener la ilusión de que algo está avanzando [2].

Una vez asistí a la celebración de un "programa exitoso" con doce "entregables". Entre ellos había una herramienta interna renombrada que nadie usaba y una sesión de capacitación a la que nadie asistió. Todos aplaudieron. El líder sonreía orgulloso. Pero el sistema central seguía igual: roto. Intacto.

Sin embargo, también he visto transformaciones reales. He visto ingenieros que reescriben infraestructura con elegancia y escala.
Líderes de producto que saben decir no a la
presión política.
Diseñadores que defienden la usabil-
idad por sobre la apariencia.

Cuando se les da espacio y confianza, ocurre algo casi mágico: la velocidad vuelve, la confianza se profundiza y los equipos avanzan con fuerza.

La lenta pérdida del propósito

Cuando la fachada se convierte en la norma, las personas dejan de resistir. En su lugar, comienzan a protegerse. El arquitecto principal deja de insistir. El dueño de producto se refugia en el silencio. La iniciativa se convierte en un riesgo.

Y cuando el proyecto finalmente fracasa, la culpa cae hacia abajo, no sobre la indecisión de arriba, sino sobre la desconexión de abajo.

Así es como el propósito, el sentido se erosiona. No a través de la rebelión, sino a través de la recalibración.

Y cuando preocuparse comienza a tener un costo, solo los temerarios o los resignados siguen ofreciendo ese compromiso libremente.

Pero no tiene por qué ser así. Las organizaciones pueden redescubrir su chispa. Los líderes pueden aprender. Yo los he visto hacerlo. He trabajado con ejecutivos que reconocieron sus puntos ciegos, invitaron al diálogo real y dejaron de lado la necesidad de parecer infalibles. Cuando eso ocurre, las salas cambian. Los equipos se elevan.

El futuro pertenece a quienes saben navegar la complejidad con humildad, no con pose.

En el Capítulo 5 exploraremos lo que llamo El ciclo del imperio. Es un marco inspirado en el historiador del siglo XIV Ibn Jaldún, quien explicó que los imperios no colapsan por amenazas externas, sino desde dentro.

Examinaremos los rituales, los mitos y los hábitos que protegen el pensamiento heredado, incluso cuando el mundo exige reinventarse.

Porque la transformación no comienza con herramientas ni con marcos metodológicos.

Comienza con la verdad y con el coraje de cuestionar el imperio que hemos construido alrededor de la comodidad.

Capítulo 5: El ciclo del imperio

La desconexión cultural

Hay un momento en la vida de toda organización en el que la mayor amenaza ya no es la competencia. Es la cultura.

No ocurre de la noche a la mañana. Al principio, la cultura es una fuente de fortaleza. Une a las personas, les permite moverse rápido, tomar decisiones y confiar unos en otros. Pero con el tiempo, algo cambia. La cultura que antes impulsaba la innovación empieza a exigir obediencia. Los rituales que antes significaban pertenencia se convierten en simples casillas por marcar. Y, sin darse cuenta, la organización deja de evolucionar. Empieza a protegerse a sí misma.

Este lento deterioro ha ocurrido durante siglos.
En el siglo XIV, mucho antes de que existiera la corporación moderna, un historiador norteafricano llamado Ibn Jaldún observó algo atemporal. Estudió el ascenso y la caída de dinastías e imperios a través de guerras, política y patrones del comportamiento humano. Lo que descubrió fue sor-

prendente: los imperios no colapsan porque sean conquistados; colapsan porque se deterioran desde dentro.

Su teoría, conocida hoy como el ciclo de la Asabiyyah[7], comienza con cohesión y necesidad. Los primeros gobernantes están cerca de la lucha. Combaten, construyen y lideran desde la urgencia. Su unidad se forja en la dificultad. Pero a medida que el imperio se vuelve cómodo, esa cohesión se disuelve. Las generaciones posteriores heredan riqueza, no sabiduría; poder, no propósito. Y con cada época que pasa, el liderazgo se vuelve más distante, más performativo, más ornamental.

Con el tiempo, los rituales del poder permanecen, pero el espíritu ha desaparecido.

Ese ciclo —el arco predecible de ascenso, comodidad y decadencia— es lo que llamo el Ciclo del Imperio. Es el silencioso desmantelamiento de culturas que alguna vez fueron grandes por los mismos sistemas que construyeron para preservarse. La corporación moderna no cae ante ejércitos. Cae ante la inercia. No muere con un estruendo, sino con un suspiro.

La Cultura como Herencia

La mayoría de las empresas nunca se detiene a preguntar: ¿qué tipo de cultura hemos heredado?

Asumen que la cultura es algo fijo, parte de la marca, parte de la historia. Pero la cultura es más bien como el suelo o la base. Guarda memoria. Da forma a todo lo que crece a partir de él.

Y si ese suelo no se ha removido en mucho tiempo…si está lleno de viejos hábitos, jerarquías rígidas y reglas silenciosas, incluso las ideas más audaces tendrán dificultades para echar raíces.

Tomemos el caso de Maya. Fue la primera gerente de producto en una startup fintech: ingeniosa, resolutiva, comprometida durante los lanzamientos, resolviendo problemas reales en tiempo real. Conocía el nombre de cada cliente. Seis años después, ahora es vicepresidenta en una gran estructura corporativa compleja. Sus días están llenos de reuniones de alineación y paneles de desempeño.

Cuando propone un piloto audaz, centrado en el usuario, en un comité ejecutivo, la respuesta es el silencio. La burocracia se traga la idea. La traición que siente no es solo organizacional; es personal. La misma cultura que antes recompensaba la creatividad ahora castiga la disrupción.

Empieza a dudar de sí misma. Tal vez fue ingenua. Tal vez el cambio es solo un juego para los más jóvenes. Su chispa se apaga, no porque se haya agotado, sino porque la cultura se aseguró de que no pudiera brillar

Tradicional vs. ágil: un choque de mundos

Las culturas corporativas tradicionales valoran el control. Los planes se diseñan en la cúpula, se transmiten hacia abajo en presentaciones y se miden en KPIs. La previsibilidad da una sensación de seguridad, aunque eso signifique que todo avance más despacio.

Las culturas ágiles, en cambio, prosperan gracias a la adaptabilidad. Funcionan a partir de la confianza, la colaboración y el aprendizaje en tiempo real. Los errores no se castigan; se esperan. El objetivo no es controlar los resultados, sino mantenerse cerca de la realidad y responder rápidamente.

Cuando pones esos dos mundos dentro de la misma organización, aparece la fricción. Raj, por ejemplo, lidera un equipo ágil dentro de una aseguradora con más de un siglo de historia. Están construyendo herramientas digitales para gestionar siniestros a tiempo real. Pero cada paso requiere aprobaciones, simulaciones y supervisión.

Su equipo despliega actualizaciones el lunes. Para el martes, les dicen que reduzcan el ritmo.

"Necesitamos consenso."

El progreso pierde frente al proceso. El impulso se desvanece. El equipo ágil se convierte en un teatro de velocidad rodeado por una fortaleza de cautela.

Raj empieza a sentirse como un actor en una obra en la que nadie cree realmente. Su equipo construye prototipos que nunca ven la luz. Antes se sentía como un agente de cambio. Ahora simplemente se siente cansado.

Esto no es solo un problema de procesos. Es un problema cultural.

Y la cultura siempre gana.

El Ciclo del Imperio en el liderazgo

El Ciclo del Imperio no solo moldea a las organizaciones. También moldea a quienes las lideran.

En los primeros días, los líderes son audaces y resolutivos. Construyen cosas desde cero, cometen errores, asumen riesgos. Saben lo que significa estar en el terreno, cerca del cliente, cerca de las consecuencias.

Pero a medida que la empresa crece, el liderazgo se vuelve más pulido. Más político. Los líderes comienzan a heredar roles en lugar de ganárselos en el fuego de la experiencia. Ascienden dominando el sistema, no cuestionándolo.

Y en nuestra época, ese ascenso no es solo interno, también es teatral. Una vez que alguien alcanza cierto nivel, el trabajo real a menudo pasa a segundo plano frente a la representación del liderazgo.

Sam hizo exactamente eso. Alguna vez fue un ingeniero que programaba hasta altas horas de la noche. Con el tiempo, ascendió a CTO. Al principio seguía arremangándose. Seguía haciendo preguntas ingenuas. Pero poco a poco su enfoque cambió. Lo invitaron a hablar en eventos; su rostro apareció en elegantes presentaciones corporativas. Sus seguidores en redes sociales crecieron. Se convirtió en una marca, una "autoridad" en tecnología.

Al principio parecía reconocimiento. Luego se convirtió en expectativa. Y finalmente se convirtió en el trabajo mismo.

Empezó a gestionar más la imagen que los resultados. Construía narrativas ordenadas, fáciles de digerir y muy aplaudidas. Cuando alguien lo desafiaba en una reunión estratégica, no preguntaba qué podía estar pasando por alto. Defendía lo que ya había dicho.

Lentamente, sin darse cuenta, pasó de constructor a custodio. De custodio a símbolo. De influyente a escudo.

Y no estaba solo.

En el paisaje corporativo digital de hoy, el ego se ha convertido en moneda. Los líderes lo alimentan. Las empresas lo explotan. Los premios de "40 menores de 40 en tecnología", "Latinos en Fintech", "Hombres o Mujeres Lideres en Finanzas". Escenarios brillantes, paneles bajo reflectores, algoritmos de LinkedIn diseñados para recompensar la auto-celebración.

No es que el reconocimiento sea inherentemente malo.

Pero cuando se convierte en el objetivo, el trabajo comienza a sufrir.

Las empresas de consultoría y marketing lo saben. Algunas incluso lo diseñan. El ego se ha convertido en un embudo de ventas. Las compañías crean plataformas que amplifican a los ejecutivos, esperando que el foco mediático se transforme en contratos. Curaban eventos, patrocinan entrevistas y publican retratos glamorizados de líderes que dicen todas las cosas correctas, pero rara vez cuestionan el sistema que los protege.

Y orbitando alrededor de este ecosistema están algunas firmas consultoras, esas supuestas "voces objetivas" que con frecuencia terminan siendo coautores de la ilusión.
Estas firmas no solo asesoran. Validan. Producen informes brillantes que repiten lo que el liderazgo ya cree, no lo que el mercado realmente exige. Su análisis suele tratar menos de la verdad que de la alineación. Está diseñado no para provocar transformación, sino para proteger reputaciones. Datos seleccionados cuidadosamente. Pronósticos sesgados. Silencios estratégicos frente a conclusiones incómodas.

Y, más a menudo de lo que se admite, estas relaciones no se forjan en el rigor intelectual. Se construyen sobre proximidad. Familiaridad. Viejas amistades de la escuela de negocios. Un excolega que ahora trabaja en la firma. Un miembro del directorio que hizo la introducción. No es nepotismo formal, pero la dinámica es la misma.
Así es como los sobreprivilegiados y subcalificados siguen encontrando su lugar en la mesa: no se ganaron su asiento, pero ya conocían a alguien que estaba sentado allí.
La experiencia se vuelve secundaria. Lo que importa es el acceso. El pulido. La capacidad de hablar el lenguaje del poder sin cuestionar jamás sus términos.

Así, lo que debería ser un crisol de pensamiento crítico se convierte en una sala de espejos de refuerzo mutuo. Los líderes representan perspicacia. Los consultores representan rigor. Todos obtienen lo que vinieron a buscar, excepto la verdad.

Y el Ciclo del Imperio sigue girando

Resistencia al cambio: La defensa silenciosa del status quo

Está en esa reunión donde nadie cuestiona el plan.

En el ejecutivo que asiente, pero nunca da seguimiento.

En el gerente bien intencionado que retrasa una nueva idea porque "no es el momento adecuado" o "no queremos remecer el bote".

Nina lo vivió de primera mano. Una apasionada directora de división lanzó un piloto centrado en el cliente, basado en un diseño audaz y personalizado. Su equipo estaba lleno de energía. Los datos eran prometedores. Pero en cada punto de contacto con el nivel ejecutivo, el mensaje era el mismo:

"Volvamos a revisarlo."

"Refinemos el ROI."

"Interesante, pero…"

Cada retraso estaba envuelto en profesionalismo. Cada reunión diluía el impulso. Y finalmente, el equipo de Nina se rindió. El fuego se apagó.

La resistencia no se parece a la rebelión.

Se parece a una demora educada.

Y muchas veces viene desde arriba, no porque los líderes sean maliciosos, sino porque el cambio es incómodo.

Amenaza los sistemas que conocen. El poder que poseen. Las historias que cuentan sobre sí mismos.

La verdadera transformación exige que los líderes cedan control. Que admitan que no tienen todas las respuestas. Que permitan que el proceso también los transforme a ellos. Eso no es solo un cambio de estrategia. Es un cambio de identidad.

Y sin ese cambio, el Ciclo del Imperio sigue avanzando.

El Descenso Silencioso

Nada de esto se siente dramático. Ese es el peligro.

No hay titulares. No hay un villano claro. Solo personas inteligentes dentro de empresas inteligentes reforzando silenciosamente el pasado, incluso mientras hablan del futuro. Parece continuidad. Pero en realidad es declive.

Y el declive no siempre se ve como fracaso. A menudo llega disfrazado de madurez. Se llama a sí mismo sinergia, integración, alcance global. Pero detrás de esas palabras de moda se repite una historia una y otra vez: dos culturas heredadas, cada una aferrada a su pasado, chocan y colapsan hacia adentro.

Tomemos el caso de Nokia y Siemens. Cuando sus divisiones de redes se fusionaron a mediados de los años 2000, se presentó como una jugada de poder. [8] Nokia, aún líder global, estaba en la cima gracias a su dominio en la telefonía móvil. Siemens, más antigua y cargada de capas jerárquicas, ya había comenzado a perder su ventaja.

Bajo la superficie, ambas empresas estaban profundamente inmersas en el Ciclo del Imperio, pero avanzaban a velocidades diferentes.

Siemens había dejado de escuchar años antes. El liderazgo se había vuelto adverso al riesgo, atrapado en procesos, fiel a la forma por encima de la función. La empresa tenía ingenieros brillantes, pero sus voces se ahogaban en la política interna.

Nokia, mientras tanto, aún conservaba impulso en el mercado, pero su cultura interna ya estaba cambiando. Las decisiones se volvían más lentas. La tolerancia al riesgo disminuía. La visión quedaba enterrada bajo el peso del éxito.

La fusión creó Nokia Siemens Networks. Pero en lugar de revitalización, aceleró el declive. La nueva entidad heredó lo peor de ambos mundos: gobernanza inflada, identidades en conflicto y una cultura cautelosa, enfocada en la autoprotección. La innovación se ralentizó. El enfoque se volvió difuso. La gente comenzó a irse.

Un insider describió la cultura posterior a la fusión como "el encuentro de dos fantasmas."

Las salas estaban llenas, pero el espíritu había desaparecido. Con el tiempo, Nokia empezó a recuperarse. Despojada de su negocio de teléfonos móviles para consumidores, se reinventó con un nuevo enfoque en la infraestructura de redes de próxima generación. La empresa se transformó.

Encontró un nuevo propósito. Pero ese cambio tuvo un costo elevado: la pérdida de mercados históricos, una reinvención interna profunda y un doloroso ajuste de cuentas con su pasado.

Miles de empleos se perdieron. No porque la tecnología fallara. No porque el mercado desapareciera. Sino porque el liderazgo no supo liderar.

Este es el costo del Ciclo del Imperio: no solo oportunidades perdidas, sino carreras truncadas, equipos disueltos y culturas borradas. El imperio sigue en pie. Pero el espíritu ya no está. Y así llegamos al borde del precipicio, no con un grito, sino con un paso lento y silencioso.

La mayoría de las empresas no colapsan en llamas. Solamente se encogen.

Se fusionan. Venden silenciosamente las partes que alguna vez las hicieron grandes. Y si sobreviven, lo hacen como versiones más pequeñas, más seguras y más olvidables de sí mismas. La cultura que antes las distinguía se vacía por dentro, reemplazada por una obediencia educada, una pasión diluida y el zumbido constante del "business as usual".

La tragedia del ciclo del imperio no es solo lo predecible que resulta, sino lo pocas veces que logra romperse. Y sin embargo, el declive no es destino. Los imperios que reconocen su propia decadencia tienen una elección: doblar la apuesta por las apariencias o redescubrir su propósito. Como lo hizo Nokia.

Pero eso requiere humildad. Y la humildad, en la mayoría de las salas de directorio, sigue siendo la forma más rara de valentía.

Hemos visto cómo esto ocurre dentro de las empresas. Pero no se trata solo de organizaciones aisladas. Lo vemos en gobiernos, en el sistema de salud y en muchos otros sectores.

Los síntomas están ocultos bajo capas de capital, regulación y tradición. Pero no nos equivoquemos: la industria atraviesa una crisis, no de solvencia, sino de espíritu.

El Capítulo 6 comienza aquí, con una mirada a la crisis del mundo corporativo como un ajuste de cuentas cultural. Porque si queremos entender por qué la transformación sigue fracasando, debemos mirar más allá de los organigramas y entrar en el alma del sistema.

Capítulo 6: La crisis de los sectores tradicionales

No es un problema técnico, sino un ajuste de cuentas cultural. La transformación en las industrias tradicionales y gobierno no fracasa por culpa de la tecnología. Fracasa por creencias profundamente arraigadas. Porque, en algún lugar dentro de la arquitectura de estas instituciones de larga trayectoria, bajo las pulidas presentaciones estratégicas y los marcos de cumplimiento, existe una inercia silenciosa pero poderosa. Un sistema inmunológico cultural, construido durante décadas, que defiende la tradición frente a la disrupción.

Este capítulo no trata sobre proyectos de digitalización fallidos ni sobre plazos incumplidos. Trata de algo más íntimo y difícil de medir: la psicología colectiva de organizaciones que viven entre dos mundos.

Por un lado, está el peso del legado: sistemas obsoletos, gobernanza conservadora y capas de protocolo.

Por el otro, las crecientes exigencias de la competencia nativas en lo digital, las cambiantes expectativas de los clientes y entornos regulatorios que ahora exigen tanto transparencia como agilidad.

Para entender por qué la transformación sigue estancándose en estas corporaciones, debemos mirar más allá de los procesos y adentrarnos en el ADN cultural del sistema.

La lógica del sistema tradicional

El Sistema heredado o tradicional no es solo un sistema o una estructura. Es una mentalidad, una forma de relacionarse con el riesgo, con el tiempo y con el poder. Mira el futuro a través del lente del precedente. Confía en lo conocido —aunque esté obsoleto—más que en lo posible —aunque sea necesario—.La mentalidad de este legado cree que la seguridad está en la previsibilidad, no en la adaptación. Premia a quienes recuerdan las reglas, no a quienes las cuestionan.

La mentalidad de este legado cree que la seguridad está en la previsibilidad, no en la adaptación. Premia a quienes recuerdan las reglas, no a quienes las cuestionan.

Esta mentalidad no surgió por accidente. Fue construida para otra época, cuando la consistencia era la reina y el riesgo era lineal. Pero en un mundo no lineal, la lógica tradicional se convierte en una responsabilidad peligrosa. Resiste la retroalimentación. Patologiza el fracaso. Y cuando llega la disrupción —ya sea desde startups, cambios regulatorios o nuevas expectativas de los clientes— se encoge en lugar de adaptarse.

Un Sector que se queda Atrás

Estas organizaciones no están rezagadas por falta de ambición. Están rezagadas porque fueron construidas para resistir el cambio.

Años, a veces siglos, de toma de decisiones aversa al riesgo han creado culturas que recompensan la cautela y castigan la desviación.

El cumplimiento es una virtud; la curiosidad, una amenaza.

Tomemos, por ejemplo, el caso de una compañía de seguros centenaria con sede en el Medio Oeste de estados Unidos. Cuando su equipo de innovación propuso pilotear un proceso de suscripción impulsado por inteligencia artificial, la idea recibió lo que parecía ser una aprobación abierta. Se asignó presupuesto. Se contrató a un proveedor. Pero seis meses después, el piloto estaba muerto, no porque la tecnología hubiera fallado, sino porque cada revisión interna de cumplimiento de normas, añadía una nueva capa de complejidad. El equipo legal temía el precedente, el grupo de operaciones temía la inestabilidad y los líderes senior temían el riesgo reputacional. Al final, lo que comenzó como un experimento terminó convirtiéndose en una advertencia. El líder de innovación, agotado y desilusionado, se marchó antes de que terminara el año.

Sí, las cargas regulatorias son reales. Y sí, los sistemas Legacy pueden ser verdaderos campos minados tecnológicos. Pero el problema más profundo no es la infraestructura. Es la mentalidad. Muchas de estas instituciones aún definen la competencia a través del control más que de la creatividad, de la seguridad más que de la adaptabilidad.

Lo que muchos describen como el desgaste frente a tantas iniciativas de cambio es, en realidad, una crisis cultural: equipos a los que se les pide innovar, pero de los que se espera conformidad.

El Precio del Fracaso

¿Y el costo de esa contradicción? Es visible en todas partes. Experiencias de cliente obsoletas que generan desconexión. Talento interno que se marcha en silencio después de demasiados intentos fallidos. Y un cinismo creciente que termina socavando incluso los esfuerzos más sinceros de cambio.

Lo vi de primera mano en un proyecto piloto que buscaba aprobar pagos mediante reconocimiento de voz mientras conducías tu automóvil. Era una idea audaz, de vanguardia, intuitiva y potencialmente transformadora. Pero desde el principio quedó claro que no solo estábamos construyendo un producto; estábamos navegando un laberinto.

Nadie había pedido un Scope of Work, pero todos tenían opiniones. El Area de Riezgo tenía una lista de preocupaciones. Legal quería evaluaciones de viabilidad. Los líderes enviaban solicitudes individuales, muchas veces sin alinearse entre ellos ni siquiera comprender exactamente qué estaban pidiendo. Así que hicimos lo que los equipos ágiles saben hacer mejor: propusimos un Scope of Work vivo, uno que definía OKRs, métricas, puntos de control regulatorios e hitos de sprint. Un plan diseñado para la adaptabilidad.

Pero en lugar de liberar impulso, el documento se convirtió en otro escenario para la política interna. Los líderes debatían revisiones como abogados analizando un contrato. Cada cambio era una defensa de territorio, no una contribución al progreso. Finalmente, el alcance quedó definido. Pero nadie quiso firmarlo. No oficialmente. No con responsabilidad.

Y así, el tiempo se agotó.

Nuestros socios externos, pacientes durante seis meses de inercia, se marcharon. Llevaron su tecnología a una empresa dispuesta a moverse al ritmo de la innovación, no al ritmo de la evasión. Esa capacidad de pagos aprobados desde tu automóvil por reconocimiento de voz existe hoy. Pero no en esta empresa.

Para nosotros es un fantasma. Un recordatorio de que el fracaso no siempre se ve como un colapso. A veces se parece a la vacilación.

Un destello de resistencia

Pero incluso dentro de estos sistemas, no todos se conforman. Cuando estábamos diseñando ese proyecto, había una gerente —llamémosla Anna— que se negó a dejar morir la idea. Desafiaba cada retraso. Señalaba la teatralidad política. Llevaba usuarios reales a la sala de reuniones. Durante meses absorbió la frustración de los demás y la convirtió en combustible. Su insistencia en la claridad no la hizo popular, pero sí respetada. No ganó. Pero tampoco se encogió.

Y su presencia importó más que el resultado. El cambio cultural no siempre comienza con una victoria; a veces comienza con una negativa. Anna nos recordó que el fuego no se había apagado. Solo estaba esperando a alguien que lo protegiera.

El Costo Humano

El peligro no es solo que las empresas tradicionales se queden atrás. Es que las personas dentro de ellas empiezan a desaparecer, lenta e imperceptiblemente. No a través de despidos o renuncias, sino mediante una desilusión silenciosa. *La pasión da paso al protocolo. La iniciativa se reduce. La creatividad se aplana.*

Lo que estas empresas no entienden es que su activo más valioso no son sus sistemas ni sus estructuras de cumplimiento normativo. Son sus personas. Personas que, bajo el liderazgo adecuado y dentro de la cultura correcta, podrían prosperar. Personas que saben colaborar más allá de los silos, que se preocupan profundamente por los usuarios y los clientes, que quieren construir algo mejor que lo que existía antes.

Pero en lugar de tener la oportunidad de lograrlo, esas personas pasan sus días navegando un laberinto. Reescribiendo alcances. Sentadas en reuniones sobre métricas que nadie usa. Escuchando la palabra "ágil" como un eslogan, no como una práctica.

Y poco a poco, el sistema las va desgastando.
Empezamos con energía. Con convicción. Intentamos cambiar las cosas. Pero con el tiempo aprendemos a jugar el

juego. Nos quedamos callados cuando deberíamos hablar. Cumplimos cuando deberíamos cuestionar. Cedemos cuando deberíamos marcharnos.
Porque tenemos hipotecas que pagar. Hijos que criar. Un equilibrio frágil que mantener.

Y entonces llega la ironía más cruel: enseñamos a nuestros hijos a soñar, a seguir sus pasiones, a encontrar sentido en su trabajo. Y ellos asienten, nos quieren, nos admiran mientras perciben la tensión entre lo que decimos y aquello con lo que nosotros mismos hemos terminado conformándonos.

Reímos; si no lo hiciéramos, quizá nos quebraríamos. Pero en el fondo lo sabemos. No somos solo empleados. Somos cautivos de la responsabilidad, de las expectativas, de un sistema que prospera gracias a nuestro silencio.

Quizá para nosotros ya sea demasiado tarde. Pero no para ellos. Nuestra esperanza es que nuestros hijos puedan heredar algo mejor. Que entren en organizaciones donde la excelencia sea bienvenida, donde el coraje se cultive y donde la transformación se abrace en lugar de temerse.

Hasta que llegue ese día, seguiremos perdiendo no solo capacidad, sino algo mucho más valioso...:

Perderemos a la persona que alguna vez creyó que podía cambiar las cosas. Al joven soñador que quería hacer los sistemas más justos. Al compañero que creía en un propósito compartido. Al constructor que se quedaba hasta tarde, no por aplausos, sino por orgullo.

En lugar de permitirles alcanzar su potencial, les pedimos que se conformen. Que actúen. Que se adapten a una cultura que castiga la integridad y recompensa la lealtad a la comodidad.

Y poco a poco, ceden… y se quedan.

Pero ya no como eran.

.

Esto no es solo estancamiento. Es una traición a lo que el trabajo podría ser, a lo que debería ser. Pero esa creencia no ha desaparecido. Está esperando.Esperando a que alguien la proteja. A que alguien vuelva a avivar esa chispa. Los ciclos pueden romperse. Pero solo si empezamos por la fuerza que lo moldea todo —desde el tono hasta la confianza, desde la visión hasta el valor—El liderazgo.

Capítulo 7: Romper el ciclo: un plan para el cambio

La revolución silenciosa ya ha comenzado.

No empezó en las salas de directorio. No surgió de paneles, discursos magistrales ni ceremonias de premios. No fue el resultado de desafíos trimestrales de innovación ni de retiros ejecutivos. Comenzó en rincones olvidados. En pequeñas rebeliones silenciosas. En gestos breves de compromiso: alguien que explica con paciencia, que ofrece ánimo o simplemente nota lo que otros pasaron por alto. Comenzó en mensajes de Slack. En sprints nocturnos. En susurros de solidaridad entre personas que se negaron a dejar que el cinismo ganara.

Empezó con constructores. Personas que aún creen que el trabajo puede ser algo sagrado. Que el liderazgo puede ganarse, no heredarse. Que los sistemas —por más rotos o calcificados que estén— todavía pueden reescribirse, no por permiso, sino por participación.

Estas personas creen en el legado, pero no en el que se construye con títulos o antigüedad. Creen en el que se construye con impacto, con personas y con el propio trabajo.

Esta revolución no es ruidosa…

pero es implacable. Y ya está aquí.

Este capítulo es para las personas que están trabajando para romper el ciclo. Y para todos aquellos que aún guardan esperanza dentro de un sistema que constantemente intenta apagarla.

Cómo debería ser el liderazgo

Los verdaderos líderes de la era digital no son los que tienen la voz más fuerte. Son los que escuchan. Los que admiten lo que no saben. Los que elevan el trabajo invisible, no solo las victorias visibles. No son los que están constantemente curando su marca personal en línea, asistiendo a paneles o intercambiando elogios en cámaras de eco llenas de ego.

Los líderes reales no necesitan el foco porque ya están iluminados desde dentro: por claridad, por visión y por cuidado. No están preocupados por cómo serán percibidos en la próxima reunion de liderazgo. Están preocupados por saber si su gente está alineada, empoderada y realmente vista..

Porque entienden algo que muchos líderes olvidan:

La raíz de la mayoría de las disfunciones no es la incompetencia ni la actitud. Es la confusión.

La falta de claridad es el asesino silencioso del progreso. Y los verdaderos líderes saben que la claridad —de propósito, de prioridades, de expectativas— es su responsabilidad. No la delegan. La encarnan.

Ven el talento que otros pasan por alto, no porque estén revisando currículos, sino porque prestan atención a los pequeños actos de brillantez que ocurren fuera del escenario. El estudiante en práctica que en silencio resuelve un error que dejó perplejo a un ingeniero senior. El analista que rehace un dashboard durante el fin de semana, no por reconocimiento, sino porque le importa. Estos líderes se dan cuenta.

Detectan los puntos de dolor que las reuniones educadas esconden. La mirada entre compañeros cuando una decisión no tiene sentido. El silencio que cae demasiado rápido después de una pregunta que nadie se atreve a responder. El retraso recurrente que todos atribuyen a "dependencias", pero que en realidad nace del miedo.

Ven más allá de la coreografía. Escuchan entre líneas.

Y nunca asumen que las personas son el problema; entienden que los sistemas, cuando son confusos o están mal alineados, hacen que incluso las buenas personas duden de sí mismas.

Porque estos líderes también lo han sentido: esa duda silenciosa cuando las métricas no coinciden con la realidad vivida. Esa lenta erosión de la confianza cuando el buen trabajo pasa desapercibido y el trabajo ruidoso es el que se recompensa. Ese dolor cuando un compañero brillante se apaga, no porque haya perdido su talento, sino porque ha perdido su audiencia.

Estos líderes no castigan las caídas de rendimiento. Las investigan.

Preguntan: ¿Qué se interpone en tu camino? ¿Qué necesitas de mí que no estás recibiendo? ¿La estructura de la empresa te está fallando?

Saben que la falta de compromiso suele ser un síntoma, no un defecto. Que el silencio a veces es una estrategia de supervivencia. Y que la mejor forma de "arreglar" el desempeño no es mediante presión, sino mediante claridad, valentía y confianza.

Al final, entienden algo esencial: las personas quieren hacer un trabajo significativo. Las personas quieren importar. Y cuando eso no ocurre, rara vez es porque hayan dejado de intentarlo. Es porque, en algún momento del camino, dejaron de ser vistas, dejaron de ser escuchadas, y la visión fue reemplazada por un juego de política.

Por eso, estos líderes no gestionan a través del control. Gestionan a través de la alineación. Eliminan fricciones. Dicen la verdad. Y crean sistemas que susurran a las personas:

"Aquí perteneces. Aquí estás a salvo. Construyamos algo digno de tu talento."

Saben que cuando un equipo se estanca, no es momento de otro taller. Es momento de dirección más clara, de señales más precisas. No de voces más fuertes.

La claridad no es solo una habilidad de liderazgo. Es el suelo del que todo lo demás crece.

Algunos de estos líderes tienen títulos. Muchos no. Pero sabes quiénes son cuando entran en la sala, no por el silencio que imponen, sino por el espacio que crean.

Son las personas a las que otros acuden cuando el sistema se rompe, cuando la política hace demasiado ruido y el propósito se vuelve demasiado débil. Son mentores que comparten conocimiento libremente, no para demostrar lo que saben, sino para elevar a los demás. Ellos no protegen la información como si fuera moneda. Ellos la entregan como si fuera luz.

Pienso en Alicia, una ingeniera senior sin ningún cargo formal de liderazgo cuya presencia silenciosa transformó todo nuestro piso. Nunca necesitó levantar la voz. Nunca buscó reconocimiento. Pero sabía cómo funcionaba cada sistema; se tomaba el tiempo de entender no solo el código, sino también a las personas detrás de él. Escribía documentación tarde en la noche para que los nuevos empleados no tuvieran que luchar solos. Se quedaba en llamadas con ingenieros junior hasta que se sentían lo suficientemente seguros para continuar por sí mismos. Su influencia no venía de la autoridad. Venía de la confianza. Y llegaba mucho más profundo de lo que cualquier organigrama podría reflejar.

O Ian, el líder de producto que había visto pasar a tres CIO distintos. No hablaba mucho en las reuniones. Pero cuando lo hacía, la gente dejaba de escribir. Era el guardián de la memoria institucional, no porque la acumulara, sino porque la compartía. Libre y generosamente. Enseñaba no solo herramientas, sino también carácter. Mostraba lo que significa mantener estándares sin ego, decir la verdad sin teatralidad.

Estos son los líderes que rara vez celebramos. Porque su poder no viene del carisma. Viene del carácter.

No construyen carreras basadas en la autopromoción. Construyen culturas de compromiso. Y en un mundo obsesionado con la disrupción, nos recuerdan cómo se siente la continuidad.

Los reconoces cuando los conoces. Hay una quietud en su presencia. Una claridad. Una calidez. Hacen preguntas que importan. Recuerdan tus fortalezas y tus habilidades. Te miran a los ojos cuando un proyecto fracasa y dicen: "Lo resolveremos. Juntos."

Y te descubres pensando: "**Ojalá fueras mi jefe.**"

No porque sean perfectos. Sino porque te hacen mejor. Porque hacen que el trabajo vuelva a sentirse valioso. Porque en su presencia el futuro no parece tan lejano.

Siempre empieza pequeño. Siempre. No con una reorganización empresarial ni con una iniciativa de un millón de dólares, sino con una sola decisión. Un momento en el que alguien decide hacer lo más valiente. Lo incómodo. Lo honesto.

Un líder decide promover a un leal y, en lugar de asumir esa decisión con transparencia —defendiéndola abiertamente o invitando al escrutinio— reúne un panel. No un espacio para una discusión genuina, sino un círculo de pares afines elegidos para reforzar su propio sesgo. Y juntos fabrican la apariencia de consenso. Pero bajo la superficie, sigue siendo el miedo quien conduce.

Miedo a la disrupción.

Miedo a la incomodidad.

Miedo a esa persona que no solo asiente, sino que cuestiona, no porque sea difícil, sino porque ve con demasiada claridad.

Porque dice la verdad con demasiada franqueza.

Porque su presencia exige crecimiento, no actuación.

En lugar de ser bienvenida, esa persona es etiquetada como "no es un jugador de equipo".

"No es la persona adecuada."

Pero lo que eso realmente significa es: no jugarán a la política. No fingirán que el sistema roto está bien. No cambiarán claridad por comodidad.

Para quienes han construido su seguridad sobre la uniformidad, esa claridad resulta peligrosa.

Pero imaginemos una elección diferente. Una en la que el líder abre la decisión a un debate riguroso y honesto. Donde el panel incluye personas con perspectivas distintas, empoderadas para cuestionar supuestos, no solo para validarlos. Donde las promociones se basan en la contribución, no en la lealtad. Y donde el resultado, sea cual sea, se define por la claridad, no por la coreografía.

Imaginemos, en cambio, que un líder dijera:

"Esta persona me desafía a pensar de manera diferente, y eso es exactamente lo que necesitamos."

Imaginemos que valorara a quien ve las grietas, no solo a quien sabe camuflarlas. Que entendiera que la verdadera alineación no se trata de uniformidad, sino de un propósito compartido, impulsado por distintas formas de pensar, construir y ser.

El cambio comienza cuando un líder usa su privilegio no para concentrar poder, sino para distribuirlo.

Como recordaba Marco Aurelio, la esencia del liderazgo reside en actuar con claridad e integridad, guiando la vida propia y la del equipo a través de la virtud, la justicia y la reflexión. [9] En términos actuales, eso significa crear entornos donde la autoridad se comparte, no se acapara. Donde las decisiones se acercan al trabajo real. Donde la claridad, la responsabilidad y el cuidado se expanden hacia afuera, no solo hacia abajo.

Significa vincular los bonos no a métricas de vanidad, sino a resultados humanos: salud del equipo, calidad de entrega, velocidad de innovación, impacto en los sistemas.

Significa que las evaluaciones de desempeño incluyan no solo lo que los líderes entregan, sino cómo lideran. A quién han empoderado. En qué han cambiado de opinión. Dónde han practicado humildad, no solo influencia.

Imagina una oficina de transformación que no exista solo para circular actualizaciones, sino para rediseñar sistemas. Para desmantelar cuellos de botella. Para cuestionar jerarquías obsoletas. Para devolver las decisiones a donde pertenecen: a las manos de quienes están lo suficientemente cerca de la realidad como para saber qué se necesita.

El reclutamiento también cambia. Las personas ya no se eligen solo por su pulido profesional, sino por su potencial. No necesitas un currículum lleno de marcas prestigiosas. Necesitas resiliencia. Hambre. Integridad. Haber aprendido a través del fuego. Y aun así ser capaz de escuchar, de crecer, de confiar.

La mentoría también debe evolucionar. No una mentoría para las apariencias. No esos programas performativos de "*visibilidad de liderazgo*" diseñados para alimentar egos senior. Sino una mentoría que construya futuros.

Una mentoría que pregunte:

¿Qué tipo de mundo estamos preparando para ellos?

¿Les estamos enseñando a sobrevivir al sistema o a cambiarlo?

Di no al "culture fit". Di sí a la "evolución cultural."

Contrata a la persona que trae tensión productiva. No porque vaya a ser fácil, sino porque hará que la cultura sea mejor. Los mejores equipos no son los que siempre están de acuerdo. Son los que saben discrepar con confianza.

Replantea cómo se forma el liderazgo. Colócalo en torno a la curiosidad, la humildad y la vulnerabilidad. Prioriza a quienes admiten sus fracasos. A quienes desaprenden. A quienes son capaces de sostener la complejidad sin recurrir inmediatamente al control.

El futuro no será liderado por quienes tienen las presentaciones más pulidas. Será liderado por quienes hacen mejores preguntas y se quedan a escuchar las respuestas reales.

Imagina una revisión ejecutiva trimestral en la que la primera pregunta no sea:

"¿Qué lograste?"

Sino:

"¿Qué cambió tu forma de pensar este trimestre?"

Imagina un organigrama que no sea una pirámide, sino una red interconectada y viva. Donde la influencia fluya desde el valor, no desde el título. Donde los líderes se acerquen a los problemas en lugar de observarlos desde arriba. Donde cualquier persona, en cualquier nivel, pueda dar forma al futuro porque está lo suficientemente cerca como para verlo con claridad.

E imagina, solo imagina, una cultura donde el silencio en una reunión no se confunda con acuerdo, sino que se entienda como una señal.

Una bengala en la niebla. Un momento para detenerse y preguntar:

"¿Qué verdad hemos vuelto demasiado costosa de decir?"

Porque la claridad no es ruidosa. Pero es poderosa. Y el cambio real no ocurre cuando nos movemos más rápido. Ocurre cuando nos movemos con más honestidad. Cuando abrimos espacio para la tensión, para la traducción, para la confianza.

Imagina también sistemas de retroalimentación que evolucionan. No solo evaluaciones de 360 grados, sino una retroalimentación neuronal: continua, multidireccional, interconectada. Un marco vivo donde la evaluación no esté filtrada por la jerarquía, sino iluminada por ella.

Con demasiada frecuencia, la disfunción se esconde en los pliegues del poder. Un vicepresidente fija objetivos vagos. Un director los defiende. Un gerente absorbe las consecuencias. El equipo lo siente, pero no dice nada.

El gerente termina siendo culpado. No porque haya fallado, sino porque el sistema le falló a él.

Eso no es rendición de cuentas. Eso es buscar chivos expiatorios.

El equipo lo sabe. Saben dónde comienza realmente la ruptura. Y deberían tener voz. No solo para evaluar a su gerente, sino también para mapear toda la cadena de mando.

La tecnología ya lo permite. Herramientas asistidas por IA pueden revelar patrones de influencia, mostrando quién empodera y quién bloquea. Pueden señalar quién crea impulso y quién, silenciosamente, lo sabotea.

Esto no es vigilancia. Es comprensión. Es usar la inteligencia que ya existe dentro del sistema para hacerlo más sano, no para proteger el poder. Porque no necesitamos más planes para proteger a los líderes. Necesitamos más planes para que los líderes se examinen a sí mismos.

Ese es el futuro. No solo una transformación de procesos, sino también una transformación del poder. No solo mejores líneas de reporte, sino también líneas culturales más valientes. Líneas de visión. Líneas de confianza. Líneas de cuidado. No se trata solo de rediseñar productos, sino de rediseñar cómo las personas son vistas, escuchadas y creídas.

Esto es un plan, no un check list. Es un cambio de la actuación a la presencia. De la jerarquía a la humanidad. Del liderazgo como elevación, al liderazgo como servicio.

No ocurrirá de la noche a la mañana. Pero ya está sucediendo, en rincones silenciosos, en decisiones valientes y en actos de integridad que nadie celebra. Vive en los equipos que aún creen. En los gerentes que aún se preocupan. En los sistemas que están siendo reimaginados silenciosamente por personas que se niegan a rendirse ante la mediocridad.

Estas próximas líneas son para ellos. Y también son para ti

No están esperando permiso.
Están construyendo nuevas reglas.
Una reunión, una contratación,
un momento de honestidad a
la vez.
Esto no es optimismo ingenuo.
Esto es esperanza practicada.
La que se forja en noches largas.
En salidas silenciosas.
En palabras de ánimo susurradas
como si fueran salvavidas.
La clase de esperanza que no
necesita aplausos.
Solo oxígeno.
La que recuerda algo esencial:
El imperio puede seguir en pie.
Pero la rebelión ya está aquí.
Habla en voz baja.
Lidera en silencio.
Y algún día será la historia
que contaremos.

Capítulo 8:: El Peso de la Responsabilidad

Hay un silencio más peligroso que el del desacuerdo: el que surge cuando las personas dejan de creer que sus voces importan. Ahí es donde se encuentran hoy muchas organizaciones. No en crisis ni en revolución. No en renuncia. Están en preservación.

Y no se trata de preservar valor o propósito. Se trata de preservar el poder.

Se aferran con fuerza a los últimos ecos de un sistema que alguna vez funcionó, cuando la confianza del cliente era alta, la competencia era baja y el dominio del mercado podía mantenerse solo con reputación. Ven venir el cambio. Lo sienten en cada nueva plataforma fintech, en cada startup nacida con IA, en cada línea de código que no entienden. Pero en lugar de evolucionar, se atrincheran.

No porque estén preparados, sino porque temen perder el control o quedar expuestos. Temen que la transformación les obligue a admitir lo que no saben.

Así que no renuncian. Se atrincheran. Reciclan victorias pasadas. Representan seguridad. Promueven la comodidad. Y recompensan a quienes hacen que el viejo modelo parezca habitable, incluso mientras se va muriendo lentamente.

La preservación no es pasiva. Se disfraza de progreso.

Aparece como una nueva aplicación brillante, un panel elegante o un asistente digital que pronuncia tu nombre y responde tu llamada.
Pero detrás de la interfaz de usuario… todo sigue igual.
El mismo backend frágil y monolítico.
El mismo núcleo de código espagueti.
Los mismos sistemas inflexibles que convierten la innovación en una tarea pesada y la agilidad en un mito.
Es transformación digital por cirugía cosmética.

La cara parece renovada, pero las arterias siguen obstruidas.
Y trágicamente, los números lo respaldan.

La rentabilidad es buena. El crecimiento trimestral es real. Los accionistas están contentos. Se pagan bonos. Pero es una mentira sostenida por un intercambio roto: ganancias a corto plazo a costa de la dignidad del cliente a largo plazo. Mientras el negocio prospera, el cliente queda atrapado en ciclos de facturación heredados, términos abusivos, servicios empaquetados que solo benefician al balance financiero y sistemas que penalizan el movimiento y recompensan la inercia.

Eso no es estrategia. Es otra toma de rehenes.

Si los clientes tuvieran una verdadera opción, muchos se irían. Pero cambiar es difícil. Reconstruir es agotador. Y durante años, las alternativas eran igual de malas.

Pero aquí está la belleza —y la ironía— del momento en que vivimos: las tecnologías emergentes finalmente están devolviendo al cliente al centro.

No porque la nueva generación de emprendedores sea más noble; muchos están impulsados por la misma ambición, el mismo hambre por la riqueza, el mismo deseo de construir sus imperios. Pero su camino hacia el poder es distinto.

Para ganar, deben empoderar. Para escalar, deben simplificar.Para prosperar, deben ganarse la confianza del cliente, no asumirla

Porque cuando tu modelo de negocio depende de que el cliente pueda irse, te ves obligado a construir algo por lo que valga la pena quedarse.

Aquí está la justicia involuntaria de este momento:

A veces, la codicia construye las herramientas que terminan liberándonos. El mismo impulso que corrompió el viejo sistema ahora está impulsando las plataformas que lo volverán obsoleto.

Y por eso el liderazgo tradicional tiene miedo, no porque los clientes estén enojados, sino porque los clientes están despertando. Una vez que experimentan la equidad, una vez que prueban el control, no vuelven atrás.

Cuestionando el Status Quo

La responsabilidad comienza cuando nombramos lo que durante demasiado tiempo hemos permitido que permanezca sin nombrar.

Podemos empezar reconociendo que un trimestre entero puede perderse debatiendo el lenguaje de un alcance de proyecto.

Que un lanzamiento de "innovación" de un millón de dólares puede terminar entregando nada más que ruido. Que las áreas de innovación existen para seguir métricas, no para generar impacto. Que las personas que hacen preguntas difíciles son etiquetadas como "difíciles", mientras que quienes evitan las preguntas son considerados "material de liderazgo."

Hemos aprendido a confundir cautela con competencia, y a recompensar la alineación por encima de la verdad. Elogiamos la estabilidad, incluso mientras las paredes se agrietan silenciosamente.

Pero la rendición de cuentas no vive en los paneles de control. No vive en boletines internos ni en sesiones de preguntas y respuestas cuidadosamente escenificadas. Vive en el momento en que alguien finalmente dice en voz alta lo que todos los demás susurran:

"Esto no está funcionando."

"Esta decisión no tiene ningún sentido."

"Este retraso tiene que ver con miedo, no con viabilidad."

Estos momentos son raros, y costosos, porque el sistema castiga la claridad cuando no resulta conveniente. Pero son esenciales, porque la transformación sin rendición de cuentas es teatro. Y el teatro sin verdad es la forma en que los sistemas se corrompen.

Necesitamos un nuevo test de liderazgo

Si queremos que la verdad prospere, debemos repensar no solo cómo lideramos, sino también cómo medimos el liderazgo.

Los KPI heredados recompensan la visibilidad, no el valor. Siguen cronogramas, no la verdad. Celebran "iniciativas lanzadas", pero ignoran "resultados logrados."

Eso no es rendición de cuentas.

Eso es evasión disfrazada de métricas.

Así que aquí hay un marcador mejor, uno real:

El verdadero test del liderazgo

Métrica	**Lo que realmente mide**
Toma de desiciones	¿Qué tan rápido y claro se mueven los líderes, sin esconderse detrás del proceso?
Tasa de adopción de innovación	¿Las nuevas ideas realmente se adoptan o solo llegan hasta la sala de reuniones?
Selección de alto desempeño	¿Estamos elevando la excelencia o recompensando la conformidad?
Retención de alto desempeño	¿Nuestra mejor gente se queda o desaparece lentamente?
Índice de calidad del feedback	¿Las personas dicen la verdad o solo comparten lo que es seguro decir?
Nivel de confianza interfuncional	¿La colaboración se siente como alineación o como vigilancia?
Pulso de claridad en el equipo	¿Las personas saben por qué están construyendo lo que están construyendo y cuál es su rol?
Velocidad de escalamiento	¿Qué tan rápido la confusión se convierte en claridad, en lugar de burocracia?
Igualdad en las oportunidades de ascenso	¿Las promociones van hacia quienes crean valor o hacia quienes lo protegen?

*you cannot fix what you refuse to measure. and
you cannot lead what you refuse to own.*

El liderazgo es un espejo, no un título

En muchos entornos corporativos, el liderazgo todavía se trata como una corona: un símbolo de estatus, pulido y exhibido, otorgado por título y antigüedad.

Pero el liderazgo real no es algo que se concede. Es algo que se revela. Y la mayoría de las veces, se revela bajo presión.

El verdadero liderazgo no consiste en saberlo todo. No se trata de tener siempre la respuesta correcta en cada reunión ni de dominar una sala con seguridad absoluta. Comienza, en cambio, con la visibilidad: no solo ser visto, sino ser realmente conocido por las personas afectadas por tus decisiones.

En entornos gobernados por la jerarquía, este tipo de visibilidad es raro. Los ejecutivos suelen operar detrás de capas de abstracción: mandos intermedios, paneles de control, revisiones trimestrales. Cuanto más alto asciende un líder, más aislado se vuelve. La retroalimentación llega filtrada, si es que llega. Y cuando llega, suele reflejar lo que la gente cree que el líder quiere escuchar, no lo que necesita saber.

En una organización, por ejemplo, las encuestas internas mostraban un aumento constante en los índices de compromiso de los empleados. Pero, silenciosamente, la tasa de rotación estaba aumentando. La gente no se quedaba. Sobrevivía lo suficiente como para encontrar una salida. Los ejecutivos celebraban los datos que podían ver, ciegos ante la historia que esos datos dejaban fuera.

Ese es el peligro de las métricas sin espejos: crean una ilusión de progreso mientras ocultan las raíces del descontento.

El silencio, en estos contextos, se interpreta erróneamente como acuerdo. O peor aún, como lealtad. Pero muchas veces es una señal de miedo a las represalias miedo a la inutilidad. Miedo a que decir la verdad cueste más de lo que vale.

Un verdadero líder sabe leer ese silencio. No lo interpreta como paz. Lo trata como una señal para investigar más profundamente.

El liderazgo, en su mejor versión, crea espacios donde la verdad puede sobrevivir y prosperar. Son espacios donde el desacuerdo se valora, no solo se tolera. Donde alguien puede decir: "No creo que esto vaya a funcionar" sin ser etiquetado como difícil. Donde un plan defectuoso no se sigue adelante por el bien de la unidad, sino que se reconsidera por el bien de la integridad.

Y cuando la verdad es incómoda —como suele ser— los líderes no se esconden detrás de narrativas vacías ni del silencio. Se inclinan hacia ella. Reconocen los errores, comparten la responsabilidad y se comprometen nuevamente con el trabajo.

"Esto se me pasó."

"Arreglémoslo juntos."

"Háganme responsable."

Estas no son admisiones de debilidad.

Son declaraciones de fortaleza.

La Responsabilidad le Pertenece a Todos, Pero Debe Comenzar Arriba

Con demasiada frecuencia, las empresas invierten en herramientas superficiales para fomentar la integracion y responsabilidad: talleres de empoderamiento, pósteres de valores, días de integración de equipos o team buildings. Pero nada de eso importa si el liderazgo no modela lo que predica

Los empleados no necesitan otro eslogan motivacional sobre la responsabilidad.

Necesitan verla practicada en los niveles más altos.

Se refleja en las decisiones de producto. Un cliente no necesita un programa de lealtad con más beneficios si el servicio central está roto. Necesita transparencia. Contratos que pueda entender. Canales que funcionen. Opciones que respeten su tiempo.

Lo mismo ocurre con los empleados. No necesitan mesas de ping-pong ni pizza los viernes si sus voces son ignoradas y su crecimiento se estanca

¿Y los accionistas? Ellos también juegan un papel. El mercado todavía recompensa a los líderes por proteger el status quo, incluso cuando este se está erosionando bajo la superficie. La verdadera responsabilidad desafía esa dinámica. Pregunta si estamos recompensando los comportamientos correctos. Si las ganancias trimestrales están ocultando pérdidas a largo plazo en confianza, ética y resiliencia.

Porque responsabilidad no se trata solo de hacer las cosas. Se trata de hacer las cosas correctas por las razones correctas. Se trata de la credibilidad moral de nuestras instituciones. De si esas instituciones todavía merecen la confianza que las personas depositan en ellas.

De señalar culpables a invitar a la responsabilidad

Las mejores culturas organizacionales no dependen del miedo para hacer cumplir los estándares. No avergüenzan a las personas cuando algo sale mal. En cambio, cultivan entornos donde los errores puedan verse temprano, antes de que se conviertan en crisis. Las mejores culturas organizacionales crean espacio para el desacuerdo, no porque haga sentir cómodas a las personas, sino porque mantiene al sistema honesto.

En estos entornos, la retroalimentación no es un arma. Es una forma de cuidado. La rendición de cuentas no es una trampa. Es un compromiso compartido. Cuando alguien señala un problema, no está socavando la autoridad; está reforzando la integridad.

Y no es solo una forma más amable de trabajar. Es también una forma más inteligente. Porque el futuro no se construye sobre una ejecución perfecta, sino sobre aprendizaje adaptativo. Las culturas que pueden corregirse rápidamente sobrevivirán a aquellas que interpretan perfección mientras suprimen la verdad.

La audacia de la responsabilidad

No necesitamos más palabras de moda. Necesitamos más valentía. No solo objetivos claros en el papel, sino conversaciones valientes en las salas donde realmente importa. Las organizaciones más fuertes no son las que tienen los informes más brillantes ni los líderes más carismáticos. Son aquellas donde la verdad circula libremente. Donde las decisiones se toman a la luz del día. Donde el fracaso no se oculta, sino que se comparte como una lección colectiva. Eso es lo que exige la verdadera transformación: no solo estrategia, sino también sinceridad. No solo innovación, sino también introspección.

La era del teatro corporativo está llegando a su fin.
No puedes hacerle un "lifting" al futuro. La era de la presencia no trata de ser perfecto. Trata de ser auténtico. Y el futuro no pertenece a quienes interpretan un papel. Pert-

enece a quienes son lo suficientemente valientes como para escribir su propia historia.

La Invitacion

A todo líder que aún conserva esperanza, este capítulo es para ti.

Esto no es una demolición. Es una reconstrucción.
No estás solo. No eres ingenuo. No eres iluso por querer liderar con integridad o por creer que las organizaciones pueden ser lugares de significado, no solo de "profit".

Porque la esperanza aún vive. Vive en el equipo que todavía se atreve a soñar. En el ingeniero joven que se atreve a hacer la pregunta incómoda. En el mentor que dice: "Estoy contigo." Y también vive en ti.

Que esta sea nuestra nueva base. No solo sistemas de rendición de cuentas, sino también sistemas de confianza. confianza en las personas. confianza en la claridad. confianza en que incluso las culturas más frágiles pueden recordar lo que significa comprometerse.

El imperio puede seguir en pie.
Pero el futuro pertenece a los constructores.
Y la rebelión ya ha comenzado.

.

Capítulo 9: La decisión de merecerlo

Hay un momento después de cada conferencia, después de que se cierra la presentación, termina la videollamada, el público aplaude y las luces del escenario se apagan. Un momento en el que todos vuelven a su bandeja de entrada, a sus OKR, a sus evaluaciones de desempeño, y nada cambia.

Ahí es cuando llega el silencio.

El silencio después de los aplausos es donde la mayoría de las transformaciones mueren. No porque a nadie le importara, sino porque nadie permaneció el tiempo suficiente en la incomodidad como para actuar sobre ella.

Este libro no es un plan. No te dará respuestas ni atajos. Es un espejo. Y los espejos no resuelven problemas; muestran lo que ya está ahí.

Mi esperanza es que, en estas páginas, no hayas visto solo disfunción o fracaso. Que hayas visto algo más personal: un reflejo. Una tensión. Un destello de tus propias decisiones, de tu propia voz, de tu propio momento silencioso de rendición de cuentas, como lo fue para mi mientras escribía estas palabras. Porque la verdad es que, si estás leyendo esto, probablemente también formas parte del sistema que he descrito. Yo también lo soy.

Todos, en algún momento, hemos tenido que ceder. Aplaudir con cortesía cuando lo que queríamos era gritar. Reescribir la misma propuesta por sexta vez. Jugar el juego, incluso cuando nos revolvía el estómago.

No estamos aquí porque nos faltara visión. Estamos aquí porque nos importaba lo suficiente como para quedarnos. Irse habría sido más fácil, pero seguíamos creyendo que el cambio era posible. En algún lugar, bajo la burocracia, el agotamiento y los canales informales de poder, seguíamos creyendo en el trabajo.

O quizá seguimos aquí porque hemos quedado atrapados en un sistema que nos obliga a jugar, simplemente porque una vez compramos una entrada para ver el espectáculo. Y ahora ya no sabemos cómo salir del teatro.

Entonces, ¿qué pasa ahora?

Este no es el final. Es el comienzo de elegir algo diferente. De negarnos a seguir premiando el liderazgo performativo. De ejercer la mentoría con honestidad, no solo con ambición. De construir equipos que no solo parezcan diversos, sino que realmente se sientan seguros. De abrir espacio al talento en cada acento, en cada origen, en cada persona que las viejas reglas dejaron de lado.

No necesitamos líderes perfectos. Necesitamos líderes honestos.

No necesitamos más marcos teóricos. Necesitamos el valor de usar los que ya tenemos.

No necesitamos otro plan de transformación. Necesitamos un ajuste de cuentas: personal, cultural e institucional:

"¿Cómo llegué hasta aquí?"

Quizá seguiste las reglas. Quizá jugaste el juego. Quizá el sistema siempre estuvo inclinado a tu favor. Y quizá el mundo empezó a llamarte líder, y tú empezaste a creerlo. Pero ahora algo está cambiando. La duda aparece. Te preguntas si realmente estás aportando valor o simplemente ocupando espacio

Este capítulo es para ti. No para avergonzarte. Sino para ofrecerte algo sagrado: una pausa. Un espejo. Una oportunidad para dejar de actuar y empezar a convertirte.

Porque toda esa duda no es tu perdición. Es tu invitación.

La invitación a dejar de curar una imagen y empezar a construir competencia. A dejar de estar protegido y empezar a ser desafiado.

Cuando permaneces demasiado tiempo en modo impostor, la sala se adapta a tu miedo. La gente deja de decirte la verdad. Protegen tu ego en lugar de alimentar tu crecimiento. Y pierdes a las estrellas silenciosas: esas voces brillantes y sin pulir que alguna vez creyeron que podrías escucharlas.

Pero puedes elegir diferente.

Puedes despertarte mañana y dejar de interpretar la competencia.

Puedes empezar a cultivarla —con humildad, con curiosidad y con la disposición de decir:

"No lo sé. Pero quiero aprender."

"Llegué aquí de una manera. Quiero crecer de otra."

"No lideraré para preservar mi imagen. Lideraré para construir algo significativo."

Puedes elegir liderar no como el héroe, sino como el estudiante.

No como el salvador, sino como el servidor. No porque el cargo lo exija, sino porque el momento lo exige. Y ese momento comienza cuando dejas de defender tu imagen y empiezas a descubrir tu impacto.

Este mensaje no es solo para quienes tienen títulos. Es para todos los que han sido parte del sistema, para quienes lo han presenciado, lo han soportado o incluso se han beneficiado de él.

Tal vez aprendiste a quedarte en silencio.
Tal vez usaste el sistema.
Tal vez dejaste de preguntarte si el propio juego valía la pena.

Esto no es un llamado a la disrupción por la disrupción misma. Es una revolución más silenciosa. Una revolución del alma. Una negativa a cambiar la integridad por acceso. Un recordatorio de que tu lealtad debe estar con tus principios. Con la versión de ti mismo que quieres que recuerden tus hijos, tus amigos y tus colegas.

Tu voz importa.

Tus estándares importan.

Y tu valentía —especialmente cuando nadie está mirando— tiene un efecto que se expande mucho más allá de lo que alguna vez podrás ver.

Puede que ya seas un líder. No por tu título, sino en esos momentos en los que alguien observa cómo reaccionas... y decide seguir tu ejemplo.

Exige más de tus líderes. No alimentes su ego; alimenta su curiosidad. Ofrece preguntas en lugar de elogios. Verdad en lugar de aplausos. Y, sobre todo, cree. Cree que si quieres que algo cambie, debes empezar por ti mismo. Porque las revoluciones que comienzan fuera de nosotros suelen agotarse. Pero las que comienzan dentro de nosotros... perduran.

Un día, antes de lo que imaginas, te encontrarás en una sala donde serás la persona más poderosa presente. Y en ese momento recordarás esto:

El poder no proviene del título académico ni del control. El poder proviene de la confianza

Proviene de la confianza que otros han decidido depositar en ti. Esa confianza no te pertenece por derecho. Es un regalo, y tu mayor deber es honrarla. No con actuación, sino con presencia. No con certeza, sino con valentía. No con control, sino con integridad.

El verdadero poder no consiste en no ser cuestionado. Consiste en ser digno del cuestionamiento.

Empecemos ahí. Lideremos como si la confianza, y no el poder, fuera la única moneda que realmente importa. Porque la forma más radical de privilegio es esta: ser plenamente humano en un sistema que nos enseña a olvidar lo que eso significa.

No lo olvidemos. Comencemos ahí: con verdad, con honor y entre nosotros.

Un Mensaje Final:

S i has llegado hasta el final de este libro, significa que algo en estas páginas te habló. Tal vez te sentiste visto. Tal vez te sentiste desafiado. Quizá una parte de ti se sintió incomprendida o incluso atacada. O tal vez estás leyendo esto porque una experiencia difícil te llevó a buscar respuestas o significado. Sea lo que sea que te trajo hasta aquí, quiero decirte algo: *no estás solo, no estas sola*

Somos muchos, sentados silenciosamente en salas de directorio y oficinas abiertas, asistiendo a reuniones generales, siguiendo presentaciones estratégicas, asintiendo mientras algo más profundo dentro de nosotros se pregunta:

¿Esto es realmente todo?

Somos parte de un sistema que, a pesar de sus mejores intenciones, con demasiada frecuencia olvida a los seres humanos que hay dentro de él. Y ahora la tecnología está revelando nuestras grietas a una velocidad sin precedentes. Las viejas formas ya no están simplemente desactualizadas; han quedado expuestas.

Pero aquí está la parte esperanzadora: la conciencia es el comienzo del cambio.

Así que te invito a hacer algo simple, pero radical. Ponte frente al espejo, no el que está moldeado por tu hipoteca, tu plan de bonos o los roles que has aprendido a interpretar.

Deja todo eso a un lado por un momento y pregúntate:

¿Soy el líder que me habría gustado tener?

¿Soy el empleado que mi líder merece?

Ahí es donde comienza la verdadera transformación, no en la próxima reorganización, ni en una nueva aplicación o marco metodológico, sino en las decisiones diarias que tomamos con nuestra integridad, nuestras acciones y nuestra disposición a colaborar con otros que están intentando, igual que nosotros.

Si hacemos eso, silenciosa y consistentemente, entonces sí: el mundo del trabajo, y el mundo más allá de él, realmente puede convertirse en algo mejor.

Con honestidad y esperanza

Giovi

Recursos y lecturas adicionales

Esta sección reúne a los pensadores, textos y conceptos que informaron las ideas exploradas a lo largo de este libro. No es una bibliografía exhaustiva, sino más bien una selección curada de fuentes para los lectores que deseen profundizar en las dinámicas humanas, culturales y estructurales que están dando forma a las organizaciones modernas.

1. Peter, Laurence J., and Raymond Hull. The Peter Principle: "Por qué las cosas siempre salen mal". New York: William Morrow and Company, 1969.
.   Esta obra fundamental acuñó el término "Principio de Peter", ofreciendo un diagnóstico satírico, pero dolorosamente preciso del fracaso burocrático: la idea de que, en una jerarquía, las personas tienden a ascender hasta alcanzar un puesto para el cual ya no son competentes.

2. Naglieri, Jack. The Evolve Bank & Trust Breach. Detection at Scale, julio de 2024. Este informe resume cómo actividades no autorizadas afectaron los sistemas y los datos de Evolve Bank & Trust, junto con los cambios de liderazgo que siguieron al escrutinio regulatorio y a la inestabilidad entre sus socios fintech. Disponible en: https://detectionatscale.com/p/evolve-bank-breach.

3. Financial Conduct Authority (FCA). "TSB fined £48m for operational resilience failings." Diciembre de 2022. Este comunicado de la autoridad reguladora británica ofrece un relato oficial del fallo en la migración tecnológica de TSB Bank en 2018 y de las deficiencias en resiliencia operativa que llevaron a la multa. Disponible en: https://www.fca.org.uk/news/press-releases/tsb-fined-48m-operational-resilience-failings

4. Reuters. "Lapses at many levels led to huge PNB fraud – internal report." Cobertura del fraude en Punjab National Bank, que expone fallas de gobernanza y controles sistémicos dentro de la institución. Disponible en: https://www.reuters.com/article/world/exclusive-lapses-at-many-levels-led-to-huge-pnb-fraud-internal-report-idUSKBN1JG008

5. Para comprender el contexto de las disrupciones fintech y de la banca digital en Brasil, puede consultarse la cobertura sobre incidentes operacionales y desafíos de ciberseguridad que han afectado la infraestructura financiera del país. Estos incluyen ciberataques a proveedores de servicios vinculados al sistema de pagos instantáneos PIX, así como las presiones de transformación digital que atraviesa todo el sector bancario. Un ejemplo relevante de análisis y cobertura de estos incidentes está disponible en: https://www.bankinfosecurity.com/hackers-grab-130m-using-brazils-real-time-payment-system-a-29352

6. Graeber, David. Bullshit Jobs: A Theory. Nueva York: Simon & Schuster, 2018. En esta influyente obra, el antropólogo David Graeber sostiene que una parte significativa de los trabajos modernos, especialmente en contextos burocráticos y corporativos, existe principalmente para dar la apariencia de productividad, más que para cumplir una función verdaderamente significativa. Su análisis ofrece una perspectiva provocadora para comprender la disfunción en grandes instituciones y el costo emocional del trabajo cuando carece de propósito.

7. Ibn Khaldun (1332–1406). The Muqaddimah: An Introduction to History. Obra escrita originalmente en 1377. En este texto clásico, el historiador y filósofo norteafricano Ibn Khaldun presenta su teoría de asabiyyah (cohesión social), mostrando cómo una fuerte solidaridad colectiva impulsa el ascenso de nuevos poderes, pero tiende a erosionarse a medida que aumentan la riqueza y la comodidad, contribuyendo a la decadencia interna y eventual colapso de las civilizaciones. Según los análisis académicos de The Muqaddimah, la asabiyyah es más fuerte al inicio del ciclo de vida de una civilización y se debilita con el tiempo a medida que las élites se distancian de las dificultades y del propósito compartido, lo que conduce al declive de las dinastías y a su reemplazo por otras con una cohesión social más fuerte.

8. Alcácer, Juan; Tarun Khanna; y Christine Snively. "The Rise and Fall of Nokia." Harvard Business School Case 714428, publicado originalmente en enero de 2014 (revisado en junio de 2020). Este estudio de caso en profundidad examina las decisiones estratégicas de Nokia, sus estructuras organizacionales, dinámicas culturales y los desafíos que enfrentó —incluida la integración de Nokia Siemens Networks— mientras luchaba por adaptarse a la disrupción de la industria y a la inercia interna. Disponible a través de Harvard Business School Publishing como

material de estudio para programas de liderazgo y educación ejecutiva.

9. Marco Aurelio (121–180 d.C.). Meditaciones. Traducción de Gregory Hays (Modern Library, 2002). Esta reconocida edición en inglés reúne las reflexiones estoicas del emperador romano sobre liderazgo, virtud, ética y autogobierno. Marco Aurelio escribió Meditaciones como una serie de notas personales destinadas a practicar la filosofía estoica en su propia vida. Sin embargo, sus ideas sobre claridad moral, responsabilidad personal y liderazgo ético siguen siendo profundamente relevantes en la actualidad. Disponible en las principales librerías y plataformas editoriales..

"Puede que ya seas un líder. No por el título que llevas, sino por esos momentos en que alguien observa cómo respondes y decide seguir tu ejemplo."

www.ingramcontent.com/pod-product-compliance
Lightning Source LLC
Chambersburg PA
CBHW050924260726
48660CB00001B/379